Das praktische Handbuch
für Deutschstudierende

*

el manual práctico
para estudiantes de alemán

ElHeiLi Siduri Publications
© 2021

Das praktische Handbuch
für Deutschstudierende

*

el manual práctico
para estudiantes de alemán

Sven-Ole Andersen [Hrsg.]

Lektorat:
Hans Markert
(Fichtenwalde/Potsdam, Deutschland)

Team Puerto Rico:

Fachberatung Geschichte/Übersetzung:
Jorge Rosario

Übersetzung aus dem Deutschen:
Marcos E. Rivera Otero

Foto; vordere Umschlagseite:
„Brandenburger Tor, Berlin",
mit freundlicher Genehmigung von
Katiria M. Santiago Lozada

Der Inhalt dieser Edition wurde von unabhängigen Experten
begutachtet.
Este volumen está revisado por expertos.
(peer-reviewed).

Das praktische Handbuch
für Deutschstudierende

Dieses Handbuch ist ein Hilfsmittel für den Deutschunterricht. Es ist besonders für Studenten gedacht, die bereits Grundkenntnisse der deutschen Sprache besitzen und in Deutschland oder Österreich studieren wollen.

Ich bedanke mich herzlich bei unseren Studenten der Universität von Puerto Rico, Campus Rio Piedras, für die vielen Hinweise, Vorschläge und Kritiken.

el manual práctico
para estudiantes de alemán

Este manual es un recurso para la enseñanza del alemán. Está especialmente destinado para los estudiantes que ya tienen un conocimiento básico del idioma alemán y quieren estudiar en Alemania o Austria.

Me gustaría agradecer a nuestros estudiantes de la Universidad de Puerto Rico, Recinto de Río Piedras, por sus muchos consejos, sugerencias y críticas.

Sven-Ole Andersen
UPR, San Juan, PR
Campus Rio Piedras
2021

Inhalt / Contenido

Vorwort

Während meiner langjährigen Tätigkeit als Dozent in Deutschland habe ich tausende von Studentinnen und Studenten unterrichtet. Ein Ereignis hatte sich bei mir besonders eingeprägt: Die Grenzöffnung zwischen beiden deutschen Staaten. Nun konnten die Studierenden der DDR (Ostdeutschland) ohne Restriktionen ins Ausland reisen, so ihr Wissen erweitern und ihre Neugier befriedigen. Die Grenzöffnung war natürlich ein besonderer Glücksfall für diejenigen, die Fremdsprachen studierten. Sie konnten nun ihre Sprachfähigkeiten im Ausland testen und dort sogar weiterstudieren. Ein Auslandsaufenthalt ist heute für viele Studenten selbstverständlich.

Das vorliegende Handbuch dient als Nachschlagewerk für spanischsprachige Studenten, die im deutschsprachigen Ausland studieren möchten. Es ist nützlich, lehrreich, innovativ und komplementiert den Deutschunterricht. In Deutschland, Österreich und in der Schweiz gibt es hervorragende Möglichkeiten, Deutsch zu lernen und zu studieren.

Dieses pragmatische Handbuch enthält neben Vokabeln und Erklärungen zur Grammatik auch einen Überblick über die deutsche Geschichte. Ich habe mit Dr. Andersen, dem Herausgeber, für verschiedene Publikationsplattformen zusammengearbeitet. Deshalb erkenne ich auch hier seine studentenzentrierte Herangehensweise. Dies wird besonders in der Vokabelsektion deutlich, welche die Terminologie beinhaltet, die an deutschsprachigen Universitäten benutzt wird. Selten findet man diese Vokabeln so zusammengefasst und übersetzt wie in diesem Handbuch – ein hervorragendes Hilfsmittel. Doch dieses Nachschlagewerk unterstützt nicht nur den Deutschunterricht für Studenten, deren Muttersprache Spanisch ist. Sprachkenntnisse allein helfen nicht, sich in einer anderen Gesellschaft schnell zurechtzufinden. Dazu braucht es interkulturelle Kompetenzen, die hier ebenfalls vermittelt werden. Deshalb ist dieses Handbuch so nützlich.

Viel Erfolg bei deinem Studium!

Dr. Rainer Schnoor
Universität Potsdam

Prólogo

Durante mis muchos años como profesor en Alemania, he enseñado a miles de estudiantes. Un acontecimiento me marcó particularmente: La apertura de la frontera entre los dos estados alemanes. Ahora los estudiantes de la RDA (Alemania del Este) podían viajar al extranjero sin restricciones, ampliando así sus conocimientos y satisfaciendo su curiosidad. La apertura de la frontera fue, por supuesto, un golpe de suerte especial para los que estudiaban idiomas extranjeros. Ahora podrían probar sus conocimientos de idiomas en el extranjero e incluso continuar sus estudios allí. La estancia en el extranjero es ahora una cuestión de rutina para muchos estudiantes.

Este manual sirve como libro de referencia para estudiantes de habla hispana que quisieran estudiar en países de habla alemana. Es útil, instructivo, innovador y complementa la enseñanza del alemán. En Alemania, Austria y Suiza hay excelentes oportunidades para aprender y estudiar alemán.

Este manual pragmático contiene vocabulario y explicaciones de la gramática, así como una visión general de la historia de Alemania. He trabajado con el Dr. Andersen, el editor, para varias plataformas de publicación. Por eso reconozco su enfoque centrado en el estudiante. Esto es particularmente evidente en la sección de vocabulario que contiene la terminología utilizada en las universidades de habla alemana. Rara vez encuentras estos vocabularios tan resumidos y traducidos como en este manual - una excelente herramienta. Pero este libro de referencia no sólo apoya la enseñanza del alemán a estudiantes cuya lengua materna es el español. Los conocimientos de idiomas por sí solos no te ayudan a encontrar rápidamente tu camino en otra sociedad. Esto requiere habilidades interculturales que también se enseñan aquí. Por eso este manual es tan útil.

¡Buena suerte con tus estudios!

Dr. Rainer Schnoor
Universidad de Potsdam

Ausgewählte Webseiten

Sitios web seleccionados

www.Deutschland.de
Hier findest du Informationen über Deutschland.
Aquí puedes encontrar información sobre Alemania.

www.Bundestag.de
Hier findest du Informationen zur deutschen Politik. Du kannst auf der Webseite auf den Begriff „Leichte Sprache" klicken. Dann wird dir alles in einer einfacheren Sprache erklärt.
Aquí encontrarás información sobre la política alemana. Puedes hacer clic en el término "Leichte Sprache" en la página web. Entonces todo se te explicará en un lenguaje más fácil.

https://www.germany.travel/de/index.html
Hier findest du viele Informationen zum Thema „Tourismus in Deutschland".
Aquí encontrarás mucha información sobre el tema "Turismo en Alemania".

https://www.austria.info/es
Hier findest du viele Informationen zum Thema „Tourismus in Österreich".
Aquí encontrarás mucha información sobre "Turismo en Austria".

www.Duden.de
Der Duden ist das offizielle Nachschlagewerk für Fragen zur deutschen Sprache.
El Duden es el libro de referencia oficial para preguntas sobre el idioma alemán.

Deutsche Medien:
In Deutschland gibt es das Duale System. Das bedeutet, dass es *öffentliche* (öffentlich-rechtliche Rundfunkanstalten) und *private* Sender gibt. Die *Privaten Sender* finanzieren sich durch Werbung.

Los medios de comunicación alemanes:
En Alemania hay un sistema dual. Esto significa que hay Öffentliche (emisoras de servicio público) y emisoras privadas. Las emisoras privadas se financian a sí mismas a través de la publicidad.

www.daserste.de

www.ZDF.de

www.RTL.de

www.SAT1.de

www.Tagesschau.de

www.DW.com

Österreich: www.ORF.at

Schweiz: www.SRF.ch

Eine Auswahl von Zeitungen und Zeitschriften in
Deutschland, Österreich und der Schweiz:
Una selección de periódicos y revistas en Alemania,
Austria y Suiza:

Deutschland:

www. BILD.de

www.FAZ.de

www.Morgenpost.de

www.Spiegel.de

www.Focus.de

www.Stern.de

Österreich:

www.Profil.at

www.DerStandard.at

www.Krone.at

www.Kurier.at

www.SN.at

Schweiz:

www.NZZ.ch

Die Internetseite **www.DeutschUPR.org** unterstützt den Deutschunterricht an der Universität von Puerto Rico. Dort findest du links zu anderen Internetseiten, die dir helfen, Deutsch zu lernen. Zum Beispiel: **www.DW.com.** Die *Deutsche Welle* ist ein deutscher Nachrichtensender für das Ausland. Dort kannst du langsam gesprochene Nachrichten sehen, hören und gleichzeitig lesen.

El sitio web **www.DeutschUPR.org** apoya la enseñanza del alemán en la Universidad de Puerto Rico. Allí encontrarás enlaces a otros sitios web que te ayudarán a aprender alemán. Por ejemplo: **www.DW.com.** La *Deutsche Welle* es un canal de noticias alemán para el extranjero. Allí puedes ver, escuchar y leer noticias habladas lentamente al mismo tiempo.

____

____

____

____

Estudio en Alemania

Alemania tiene muy buenas universidades. En la mayoría de las universidades no se cobran tasas de matrícula, pero debes tener dinero para libros, comida, bebidas, y alojamiento en un apartamento/estudio. Necesitas un visado (visado de estudio) y prueba de que tienes suficiente dinero. En el sitio web de la universidad, se puede encontrar información detallada para estudiantes internacionales. Todas las grandes universidades tienen una oficina para los estudiantes internacionales, la Oficina Internacional (Auslandsamt).

Tu primer semestre en Alemania puede ser abrumador al principio. Algunas universidades no tienen un campus que conozcas tan bien como el de tu universidad de origen. Los seminarios pueden tener lugar en edificios situados por toda la ciudad. Pero no te preocupes, te acostumbrarás y encontrarás amigos.

El conocimiento del alemán no es una necesidad si quieres estudiar en Alemania. Hay un gran número de carreras internacionales en las universidades alemanas. Como resultado, no necesitas saber alemán para estudiar en Alemania. Todas las ofertas de estudios y centros de enseñanza superior en Alemania de un vistazo: study-in-germany.de.

Apoyo financiero: El Servicio Alemán de Intercambio Académico (DAAD) es la organización más importante que concede becas a estudiantes internacionales. El banco de datos de becas del DAAD informa sobre las diferentes ayudas que ofrece y sus programas específicos.

Muchos estudiantes internacionales en Alemania viven en residencias estudiantiles. Es casi imposible encontrar un alojamiento más barato. Los costes de una habitación individual están entre 160 y 300 euros: Study-in-Germany.de

Si quieres estudiar en Alemania y tienes que solicitar un visado, ¡necesitarás un comprobante de recursos económicos! Puede tratarse de una prueba de los ingresos de tus padres, una garantía bancaria o una suma garantizada específica depositada en una cuenta bloqueada. En Alemania, eso es 8.700 euros por un año. Esto garantiza que tus estudios puedan ser financiados.

Se puede abrir una cuenta bloqueada en el Deutsche Bank o muy fácilmente en línea en Fintiba. Muy importante: toma al menos una semana abrir una cuenta de este tipo. Pregunta en tu banco de origen qué bancos trabajan con los bancos en Alemania.

Busca paquetes de servicios especiales: Muchas cosas son difíciles de planear desde tu país de origen. Por eso el Servicio Estudiantil de Alemania ofrece paquetes de servicios para estudiantes internacionales que incluyen el alojamiento, las comidas y la contratación de un seguro médico. Los costes oscilan entre 158 y 358 euros. Estos paquetes se pueden reservar antes de empezar la universidad, pero sólo hay un número limitado disponible. En general: ¡Haz tu investigación!

Nota: Para tus viajes a Alemania o Austria, hay una lista de control al final de este manual.

Quelle: www.Deutschland.de

Vokabeln für die Universität
Vocabulario que necesitas en la universidad

die **Universität**
(kurz/corto: die Uni)　　la universidad

an der Universiät　　en la universidad

A

Abendstudium, das
Curso nocturno de estudio,
clases nocturnas

Abitur, das
(Austria: die Matura)
que da derecho a ingresar en la enseñanza
superior

Ablehnungsbescheid, der
Notificación de rechazo

Abschlussklausur, die
Examen final escrito

Abschlussprüfung, die
Examen final

Abschlusszeugnis, das
Título final, certificado Academia de Graduados

Akademisches Auslandsamt
Oficina Internacional, Oficina de Estudiantes
Extranjeros

7

Akademische Lehrveranstaltung, die
Curso académico

Allgemeine Hochschulreife, die
Calificación de entrada a la educación superior
general

Allgemeine Studienberatung, die
Asesoría general de estudios

Allgemeiner Studentenausschuss (ASTA)
La unión de estudiantes del Comité General de
Estudiantes

Anerkennung, die
Reconocimiento, acreditación

Anerkennung/Anrechnung von Studien- und
Prüfungsleistungen
Reconocimiento / acreditación de estudios y
exámenes

Anmeldeformular, das
Formulario de inscripción

Anmeldegebühr, die
Cuota de inscripción

Anrechenbare Studienleistungen [pl]
Logros académicos acreditables/Transferencia
de créditos

Anwesenheitspflicht, die
Asistencia obligatoria

Aufenthaltsbewilligung, die
Permiso de residencia

Aufenthaltsbewilligung zu Studienzwecken
Permiso de residencia por motivos de estudio

Aufnahmeprüfung, die
Examen de ingreso

Aus- und Fortbildung, die
Educación y perfeccionamiento profesional

Ausländische Studierende [pl]
Estudiantes extranjeros, Estudiantes
internacionales

Auslandspraktikum, das
Pasantía en el extranjero, Prácticas en el
extranjero

Auslandsstudium, das
Estudios en el extranjero

Austauschprogramm, das
Programa de intercambio

Auswahlverfahren, das
Procedimiento de selección

____

____

____

B

Bewerber, der [die, pl]
Solicitante

Bewerbung, die
Solicitud

Bewerbungsfrist, die
Período de solicitud

Bewerbungstermin, der
Fecha límite de solicitud

Bewerbungsunterlagen, die (dossier)
Documentos de solicitud

Bewertung, die
Evaluación (calificación)

Bibliothekar/in, der/die
Bibliotecario/a

Bildungspolitik, die
Política educativa

Bildungswesen, das
Sistema educativo

C

Campus, der
campus (recinto)

D

Dekan/Dekanin, der/die
Decano/Decana

Dekanat, das
Oficina del Decano / Decanato

Diplom, das
Título y documento expedido después del
examen final

Diplomarbeit, die
Tesis de diploma, tesis de grado

Dissertation, die
Tesis doctoral

Doktorand, der
Candidato a doctorado

Doktorgrad, der
Doctorado

Doktorvater, der
supervisor del doctorado
(profesor que supervisa una tesis doctoral)

Dozent, der
Profesor asistente, lector

durchfallen
fracasar en el examen

Durchfallquote, die
tasa de fracaso

E

Einführungsveranstaltung, die
Evento introductorio

Einheit von Forschung und Lehre, die
Unidad de investigación y enseñanza

Einschreibefrist, die
Fecha límite de inscripción

Einschreibung, die
Matriculación, matrícula, registro

Einstufung, die
Clasificación

Einzelnote/n, die/ die [pl]
Notas individuales

Ersteinschreibung, die
Matrícula inicial, Primera matrícula

Erststudium, das
Curso de primer grado

F

Fach, das
Asignatura

Fachbereich, der/ **Department**, das
Departamento, facultad, escuela

Fachbibliothek, die
Biblioteca especializada

Fächerkombination, die
Combinación de asignaturas

Fachliteratur, die
Literatura especializada

Fachschaft, die
Organización departamental de estudiantes

Fakultät, die
Departamento / Facultad

Fernstudium, das
Estudios a distancia

Fernuniversität, die
Universidad a distancia

Finanzierung, die
Financiación

Förderung, die
Beca

Fortgeschrittener Student
Estudiante Avanzado

G

Gastdozent / Gastprofessor, der
Profesor visitante

Gasthörer, der
Estudiante no matriculado
(estudiante ocasional/oyente)

Gebühren, die [pl]
Tarifas de matrícula

Geisteswissenschaften, die [pl]
Humanidades, Artes Liberales

Grundlagenforschung, die
Investigación básica / investigación
fundamental

Grundstudium, das
Estudios básicos

Gutachten, das / die [pl]
Opinión de los expertos

H

Habilitation, die
(Habilitación) Calificación para enseñar a nivel
de profesorado/
educación superior

Hauptseminar, das
Seminario avanzado

Hauptstudium, das
Estudios de la fase II, Los estudios de
postgrado

Hausarbeit, die
Trabajo escrito

Hochschule, die
la universidad
(escuela superior, a menudo especializada)

Hochschulwesen, das
Sistema de educación superior

Hospitation, die
Visita de observación

I

Immatrikulation, die
Matriculación, matricula, inscripción,

Immatrikulationsamt, das
Oficina de registro

Immatrikulationsbescheinigung, die
Certificado de matrícula, certificado de registro

Integrierter Studiengang
Curso/programa de estudios integrados

Intensivkurs, der
Curso intensivo

K

Karriereberatung, die
Consejo sobre la carrera profesional

Klinisches Studium
Estudio clínico

Kulturwissenschaft, die
Estudios culturales

L

Lehramt, das
La profesión de maestro, la calificación de
maestro

Lehramtskanditat, der
Futuro profesor

Lehramtsprüfung, die
Primer examen estatal para profesores

Lehramtsstudiengang, der
Curso de formación de profesores

Lehrangebot, das
Cursos ofrecidos, gama de cursos

Lehrbeauftragter, der
Profesor asistente, instructor

Lektor, der
Profesor asistente

M

Magisterprüfung, die
Examen de maestría

Medizinische Hochschule, die
Escuela de medicina,

Mensa, die
Cafetería, comedor, refectorio

Mindestnote, die
Grado mínimo requerido, nota mínima
requerida

N

Nachweis, der
Prueba, registro, documentación

Naturwissenschaften, die [pl]
Ciencias Naturales

Nebenfach, das
asignatura, materia secundaria

Notendurchschnitt, der
Promedio de notas

Numerus clausus, der
Restricciones de entrada al curso

O

Ökonomie, die
economía

P

Praktikum, das
prácticas de trabajo

Präsenzbibliothek, die
Biblioteca de referencia

Präsident/in, der/die
Presidente

Presserecht, das
Ley de prensa / Derecho de prensa

Eine **Prüfung bestehen**
pasar un examen

Eine **Prüfung machen**
hacer un examen

Prüfungsanforderungen, die [pl]
Requisitos del examen

Prüfungsfach, das
Tema/materia de examen

Prüfungsgebühren, die [pl]
Los honorarios de los exámenes/
Los gastos de examen

Prüfungskommission, die
Junta de examen

Prüfungsordnung, die
Reglamento del examen

Prüfungstermin, der
Fecha del examen

R

Rechenzentrum, das
Centro de computación, centro de
procesamiento de datos

Rektorat, das
El rectorado

S

Schein, der
certificado, crédito

Schwerpunktstudium, das
Estudios con enfoque en ...;
estudios especializados en...

Semester, das
Semestre

Semesterbeitrag, der
Contribución/tarifa semestral

Semesterferien, die
Descanso del semestre

Semesterwochenstunden (SWS), die [pl]
Horas de crédito / créditos

Seminar, das
seminario, curso

Sommersemester, das
Semestre de verano

Sozialbeitrag, der
Contribución al bienestar de los estudiantes

Staatliche Ausbildungsförderung, die
Apoyo gubernamental para la educación y la
capacitación

Staatsangehörigkeit, die
Nacionalidad

Staatsexamen, das
Examen de Estado

Studentenausweis, der
Tarjeta de identidad de estudiante

Studentenheim, das
Residencia de estudiantes

Studentenrat, der
El consejo de estudiantes

Studentenschaft, die
El cuerpo estudiantil

Studentenvertretung, die
La representación de los estudiantes

Studentenwerk, das
Servicios para estudiantes

Studentenwohnheim, das
Dormitorio

Studentische Hilfskraft, die
Estudiante asistente/ayudante

Studienabbrecher, der
Estudiante que abandona sus estudios

Studienabschluss, der
Título

Studienanfänger/in, der/die
Estudiante de primer año

Studienangebot, das
Cursos ofrecidos

Studienberater, der
Asesor académico

Studienberatung, die
Servicio de asesoramiento de estudiantes

Studienberechtigung, die
Calificación de entrada a la educación superior

Studienbuch, das
Expedientes académicos, registro de curso

Studiendarlehen, das
Préstamo estudiantil

Studiendauer, die
Duración de los estudios

Studienfach, das
La asignatura

Studiengang, der
Curso de estudio, programa de grado

Studiengebühren, die [pl]
Las tasas de matrícula

Studienkosten, die [pl]
Costos relacionados con el estudio

Studiennachweis, der
Créditos

Studienordnung, die
Reglamento de estudios

Studienrichtung, die
Rama de estudio, disciplina, programa

Studienschwerpunkt, der
Área de especialización

Stundenplan, der
Calendario, plan de estudio

T

Technische Universität, die
Universidad técnica

Teilzeitstudium, das
Estudios a tiempo parcial

U

Übung/Aufgabe, die
Tarea

Universitätsbibliothek, die
Biblioteca Universitaria

Universitätsbedienstete / ten, der, die, die [pl]
Empleados de la Universidad

Universitätsklinik, die
Clínica universitaria

Universitätsstadt, die
Ciudad universitaria

V

Vorlesung, die
conferencia

Vorlesungsfreie Zeit, die
Período sin conferencias

Vorlesungsverzeichnis, das
Catálogo de la universidad/
curso/clase

W

Weiterbildungszentrum, das
Centro de Educación Superior

Wirtschaftswissenschaft, die
Economía

Wahlfach, das
Asignatura opcional

Wahlpflichtfach, das
Materia obligatoria opcional

Wintersemester, das
Semestre de invierno

Wissenschaftliches Arbeiten
Trabajo científico,
Investigación y técnicas de estudio

Z

Zensuren, die [pl]
Grados, Los puntos de crédito de las
calificaciones

Zugangsberechtigung, die
Autorización de acceso Elegibilidad para la
admisión

Zulassung, die
Aprobación, Admisión

Zulassung ohne Beschränkungen
Admisión sin restricciones, Admisión abierta

Zulassungsamt, das
Oficina de admisión

Zulassungsbedingung, die
Requisito de admisión

Zulassungsbescheid, der
Carta de admisión, Notificación de admisión

Zulassungsstelle, die
Oficina de admisiones

Zulassungstest, der
Prueba de admisión

Zulassungsverfahren, das
Procedimiento de aprobación/admisión

Zusatzstudium, das
Estudios adicionales Estudios complementarios

Zweiter Bildungsweg
Educación secundaria Educación de adultos

Zwischenzeugnis, das
Informe provisional/ Las calificaciones
parciales

Quelle: Ruhruniversität Bochum:

www.Ruhr-Uni-Bochum.de: https://www.ruhr-uni
bochum.de/careerservice/dokumente/
vokabelhilfen/Englisches_Vokabular_Universitaet.pdf

Das Telefongespräch / am Telefon
La llamada telefónica / en el teléfono

Hallo. Guten Tag. Mein Name ist …
Hola. Mi nombre es...

Ich habe eine Frage.
Tengo una pregunta.

Können Sie mir weiterhelfen?
¿Puede ayudarme?

Können Sie mir sagen, wer für … zuständig
ist?
¿Puede decirme quién es el responsable de
…?

Ich möchte bitte Frau *XYZ* sprechen.
Me gustaría hablar con la Sra. / con el Sr. *XYZ*,
por favor.

Mein Deutsch ist nicht so gut. Kann ich mit
jemandem sprechen, der Spanisch oder
Englisch spricht?
Mi alemán no es tan bueno. ¿Puedo hablar con
alguien que hable español o inglés?

Können Sie bitte langsamer sprechen?
¿Puedes hablar más despacio, por favor?

Verzeihung, ich habe es nicht verstanden.
Können Sie das bitte wiederholen?
Lo siento, no lo entendí. ¿Puede repetir eso,
por favor?

Wie schreibt man das? ¿Cómo se escribe eso?

Vielen Dank für die Auskunft.
Muchas gracias por la información. Adiós.

Auf Wiederhören! (am Telefon) Adiós.

Die Flugreise / el viaje aéreo

www.Lufthansa.de   www.Condor.de

Guten Flug!   Que tengas un buen
                               vuelo.

das Flugzeug   el avión

der Flughafen   el aeropuerto

das Flugticket   el billete de avión

die Stornierung   la cancelación

Ich habe meinen Flug online / im Reisebüro
gebucht.
He reservado mi vuelo en línea / en una agencia
de viajes.

Ich möchte mein Flugticket stornieren.
Me gustaría cancelar mi billete de avión.

die Flugnummer el número de vuelo

der Sitzplatz   el asiento

der Abflug   la salida

die Ankunft   la llegada

der Start   el comienzo

die Landung	el aterrizaje
der Zielort	el punto de destino
der Ankunftsort	el lugar de llegada
die Passagiere	los pasajeros
die Bordtoilette	el baño a bordo
der Hinflug/Abflug	el vuelo de salida / la salida
der Rückflug	el vuelo de regreso

Wo ist der Schalter der Fluglinie *XYZ*?
¿Dónde está el mostrador de la compañía aérea XYZ?

Wie komme ich zum Terminal *XYZ*?
¿Cómo llego a la terminal XYZ?

Ich möchte einen Platz am Fenster/am Gang.
Me gustaría un asiento de ventana / en el pasillo.

Bitte anschnallen!
Abróchese el cinturón de seguridad, por favor.

Bitte schnallen Sie sich an.
Por favor, abróchense los cinturones de seguridad.

Wieviel Stunden Zeitunterschied sind es zwischen San Juan und Berlin?
¿Cuántas horas de diferencia hay entre San Juan y Berlín?

das Rauchverbot   la prohibición de fumar

Während des Flugs herrscht Rauchverbot.
Está prohibido fumar durante el vuelo.

die Reisekostenversicherung   el seguro de
                                     gastos de viaje

die Gepäckversicherung   el seguro del equipaje

die Gebühren   los honorarios

die Buchung   la reserva

die Umbuchungsoption   la opción de re-reservar

____

____

____

____

____

____

____

im **Hotel** / in der Jugendherberge

en el hotel / en el albergue juvenil

Guten Tag. Ich möchte ein Zimmer buchen.
¡Hola / Buenos Dias! Me gustaría reservar una habitación.

Haben Sie noch freie Zimmer?
Sind bei Ihnen noch Zimmer frei?
¿Tiene alguna habitación disponible?
¿Tiene alguna habitación disponible?

Ich möchte ein Einzelzimmer/ein Doppelzimmer buchen.
Me gustaría reservar una habitación individual o doble.

Wieviel kostet das Zimmer?
¿Cuánto cuesta la habitación?

Ist Frühstück inklusive?
¿Está el desayuno incluido?

Hat das Hotel auch Zimmer mit Meerblick?
¿El hotel también tiene habitaciones con vista al mar?

Ich möchte nur eine Nacht bleiben.
Ich möchte x Nächte bleiben.

Sólo quiero quedarme una noche.
Quiero quedarme x noches.

Hat das Zimmer ein Telefon?
¿Tiene la habitación un teléfono?

Hat Ihr Hotel WLAN (wireless internet)?
¿Su hotel tiene WLAN (internet inalámbrico)?

Akzeptieren Sie Kreditkarten?
¿Aceptan tarjetas de crédito?

Akzeptieren Sie Kreditkarten oder muss ich bar
bezahlen?
¿Aceptan tarjetas de crédito o tengo que pagar
en efectivo?

Kann ich mit einer Kreditkarte zahlen?
¿Puedo pagar con una tarjeta de crédito?

Welche Kreditkarten akzeptieren Sie?
¿Qué tarjetas de crédito acepta?

Der Abreisetag: Wann muss ich das Zimmer am
Abreisetag verlassen?
El día de la partida: ¿Cuándo tengo que salir de la
habitación el día de la salida?

____

____

____

____

bei der **Polizei** / auf der Polizeistation / das Polizeirevier

(en la comisaría de policía / **estación de policía** / comisaría de policía)

Notruf in Deutschland: **110**

llamada de emergencia de la policía en Alemania: **110**

Mein Name ist …   Mi nombre es …

Ich komme aus…   Soy de …

Ich brauche Hilfe.   Necesito ayuda.

Mein Deutsch ist nicht so gut. Sprechen Sie Englisch / Spanisch?
Mi alemán no es tan bueno. ¿Habla inglés/español?

Ich habe meinen Ausweis verloren.
Perdí mi identificación.

Ich habe meine Papiere / Dokumente verloren.
He perdido mis papeles / documentos.

Was muss ich jetzt tun? ¿Qué debo hacer ahora?

Ich bin überfallen worden. Me han asaltado.

Mein Ausweis und meine Papiere/Dokumente wurden gestohlen.

Me han robado el carné de identidad y mis
papeles y documentos.

Ich habe einen Unfall (Autounfall) gesehen.
He visto un accidente (accidente de coche).

Der Unfall ist ... passiert.
El accidente ha... ocurrido.

Im Restaurant

en el restaurante

In Deutschland wird man im Restaurant selten zum Tisch gebracht. Dies passiert meist nur in sehr noblen Restaurants. Wenn du einen freien Tisch siehst, dann kannst du dich setzen oder vorher den Kellner fragen.

Die Deutschen geben nicht viel Trinkgeld. Meistens wird der Preis vom Gast „aufgerundet". Ein Beispiel: Wenn das Essen €18,20 kostet, dann geben die meisten Leute € 20,-. Natürlich freuen sich die Angestellten im Restaurant über Trinkgeld.

Wenn du Geld sparen willst, kannst du auch das Essen an einem Stand auf der Straße kaufen. Das schmeckt auch sehr gut und ist billig.

En Alemania, rara vez te traen a la mesa en un restaurante. Esto sucede mayormente sólo en restaurantes muy finos. Si ves una mesa libre, puedes sentarte o preguntarle al camarero antes.

Los alemanes no dan mucha propina. La mayoría del precio es "redondeado" por el huésped. Un ejemplo: Si la comida cuesta 18,20 euros, la mayoría de la gente da una propina de 20 euros. Por supuesto, los empleados del restaurante están felices de recibir una propina.

Si quieres ahorrar dinero, también puedes comprar la comida de la calle. Sabe muy bien y es barata.

Wir möchten einen Tisch für X Personen.
Nos gustaría una mesa para X personas.

Wir haben (nicht) reserviert.
(No) Tenemos una mesa reservada

Können wir bitte die Speisekarte haben?
¿Nos puede dar el menú, por favor?

Ich bin hungrig. / Ich habe Hunger.
Tengo hambre.

Ich bin durstig. / Ich habe Durst.
Tengo sed.

Ich möchte bitte …
Me gustaría (quisiera)

Ich nehme …
Tomo …

Das schmeckt sehr gut. Das Essen ist lecker.
Es muy bueno. La comida es deliciosa.

Kann ich noch eine Tasse Kaffee haben, bitte?
¿Puedo tomar otra taza de café, por favor?

Ich möchte zahlen. Wir möchten zahlen.
Me gustaría pagar. Nos gustaría pagar.

Die Rechnung bitte.
Wir möchten die Rechnung bitte.
La cuenta/ el cheque, por favor.
Queremos la cuenta /el cheque, por favor.

Kann ich mit einer Kreditkarte zahlen?
¿Puedo pagar con una tarjeta de crédito?

Akzeptieren Sie Kreditkarten?
¿Aceptan tarjetas de crédito?

das Trinkgeld   la propina

Danke, der Rest (Trinkgeld) ist für Sie!
¡Gracias, quédese con el cambio!
¡Gracias, el resto es para usted!

Wo sind die Toiletten bitte?
¿Dónde están los baños, por favor?

die Bahn
el tren

www.Bahn.de

<u>Generelle Informationen:</u>

Großstädte in Deutschland, Österreich und der Schweiz haben ein ausgezeichnetes öffentliches Verkehrssystem. Deshalb sollten Touristen die S-Bahn, die U-Bahn oder die Straßenbahn benutzen. Allerdings kann es Probleme geben, wenn man ein Ticket kaufen will. Am Ticket-Automaten sind die Erklärungen oft sehr kompliziert oder für Ausländer schwer verständlich.

Für lange Reisen von Stadt zu Stadt ist der ICE (InterCity Express) eine sehr gute Option. Mit der Bahn kann man sehr gut fast alle europäischen Großstädte besuchen. Für Studenten gibt es oft Sonderangebote. Die Züge in Europa sind sauber, zuverlässig, schnell und bieten einen guten Komfort.

Im Internet findest du die besten Optionen. Dann kannst du entscheiden, ob du mit der Bahn fahren willst oder lieber fliegen möchtest. Die Preise für Flüge zwischen europäischen Großstädten können sehr preiswert sein, wenn du rechtzeitig buchst.

<u>Información general:</u>

Las ciudades grandes en Alemania, Austria y Suiza tienen un excelente sistema de transporte público. Por lo tanto, los turistas deben usar el S-Bahn (tren urbano), el U-Bahn (metro) o el Straßenbahn (tren ligero). Sin embargo, puede haber problemas si quieres comprar un billete. En las máquinas expendedoras, las explicaciones son a menudo muy complicadas o difíciles de entender para los extranjeros.

39

Para los viajes largos de ciudad en ciudad el ICE (InterCity Express) es una muy buena opción.
En tren se puede visitar muy bien casi toda ciudades grandes de Europa. Para los estudiantes hay a menudo ofertas especiales. Los trenes en Europa son limpios, fiables, rápidos y ofrecen un buen confort.
Puedes encontrar las mejores opciones en Internet. Entonces puedes decidir si quieres ir en tren o en avión.
Los precios de los vuelos entre ciudades grandes pueden ser muy baratos si se reserva a tiempo.

die Bahnreise	el viaje en tren
die Auskunft	la información
ÖPNV (Öffentlicher Personennahverkehr)	Transporte público
die S-Bahn	tren urbano
die U-Bahn	metro
die Straßenbahn	tren ligero
die Tram	el tranvía
die Bahnlinie	la línea de ferrocarril

Welche Bahnlinie / Linie muss ich nach *XYZ*
nehmen?
¿Qué tren o línea debo tomar para ir a *XYZ*?

Wie komme ich am besten nach/zu
_______________?
¿Cuál es la mejor manera de llegar a
_______________?

der Fahrscheinautomat   la máquina de billetes

der Einzelfahrschein   el billete sencillo

die Tageskarte   el boleto del día

die Wochenkarte   el boleto semanal

die Monatskarte   el boleto mensual

eine Hin- und
Rückfahrkarte   un billete de ida y vuelta

der Fernverkehr   el modo de transporte
                         de larga distancia

der Regionalverkehr   transporte regional

die Sonderangebote (pl.) las ofertas especiales

der Sonderzug   el tren especial

In Europa kann man sehr gut mit der Bahn reisen.
En Europa se puede viajar muy bien en tren.

Das Geld / die Bank   (auf der Bank)
El dinero / *el banco*   (en el banco)

der Euro (€)   el euro

die Schweizer Franken   los francos suizos
(CHf, Fr., SFr.)

das Wechselgeld   el cambio

Wo kann ich Geld wechseln?
¿Dónde puedo cambiar el dinero?

das Geldinstitut / die Bank   la institución
financiera /
el banco

der Geldautomat (Austria: Bankomat)
el cajero automático / ATH

Ich möchte Dollars in Euro tauschen. Wo kann ich
das tun?
Me gustaría cambiar dólares por euros. ¿Dónde
puedo hacer eso?

Wie hoch ist die Gebühr am Geldautomaten?
¿Cuánto es la tarifa del cajero automático?

Ich habe Probleme mit meiner Kreditkarte.
Tengo problemas con mi tarjeta de crédito.

Ich möchte Geld von meinem Konto abheben.
Me gustaría retirar dinero de mi cuenta.

Ich möchte eine Überweisung machen.
Me gustaría hacer una transferencia bancaria.

eingeben   entrar en

Wo muss ich die Geheimzahl eingeben?
¿Dónde tengo que introducir el código secreto?

das Bargeld   el dinero en efectivo

Ich kann leider nicht bar bezahlen.
Lo siento, no puedo pagar en efectivo.

Ich habe kein Bargeld mehr.
No tengo más dinero (efectivo).

Ich brauche dringend Bargeld.
Necesito desesperadamente dinero en efectivo.

Grammatik / Gramática

Der deutsche Satz
La oración alemana

In einem einfachen, deutschen Satz steht das Verb an
zweiter (2.) Position.
En una frase simple en alemán, el verbo está en
segunda (2.) posición.

z. B.:   Ich *gehe* zu Maria. oder:

        Morgen *gehe* ich zu Maria.

        Er *kauft* einen Computer.

        Wir *sehen* das Auto.

Achtung: Die Stellung der Wörter im Satz kann sich
ändern!
Atención: ¡La posición de las palabras en la frase
puede cambiar!

z. B.: In der nächsten Woche *gehe* ich zu Maria.

    (La semana que viene voy a casa de María.)

Achtung: Die Wortstellung im deutschen Satz ist oft
anders als im Spanischen. Du musst "anders denken",
wenn du die deutsche Grammatik benutzt. Außerdem
musst du immer das Personalpronomen benutzten,
denn das Verb kann nur selten allein stehen.

Atención: El orden de las palabras en la frase alemana es a menudo diferente al del español. Usted debe "pensar de manera diferente" al usar la gramática alemana. Siempre debes usar el pronombre personal, porque el verbo raramente puede estar solo.

Die Deutschen haben oft formale Umgangsformen und benutzen eine formale Sprache. Wenn du jemanden nicht kennst, die Person älter ist oder eine höhere Position hat, dann solltest du die Höflichkeitsform *'Sie'* (dritte Person Plural) benutzten. Natürlich kannst du deine Freunde, deine Bekannten oder Studenten informell mit 'Du' ansprechen.

Los alemanes a menudo tienen modales formales y usan un lenguaje formal. Si no conoce a alguien, la persona es mayor o tiene una posición más alta, debe usar la forma cortés 'Sie' (tercera persona del plural). Por supuesto que puedes dirigirte informalmente a tus amigos, conocidos o estudiantes con 'Du'.

Substantive werden immer mit einem Großbuchstaben geschrieben.
Los sustantivos siempre se escriben con mayúscula.

z. B.:
"Ich wohne in einem Haus in Potsdam."
"Das Essen im Restaurant war ein Traum."
"Der Name dieser deutschen Stadt stammt aus dem Althochdeutschen."

Die Konjugation von Verben

La conjugación de verbos

Verben müssen oft konjugiert werden.
Los verbos deben ser a menudo conjugados.

Beispiele:

Ich   **-e**

Ich geh**e**

Du   -st

Du geh**st**

Er/Sie/Es   **-t**

Er/Sie/Es geh**t**

Wir   **-en**

Wir geh**en**

Ihr   **-t**

Ihr geh**t**

Sie   **-en**
(plural + Höflichkeitsform)

Sie geh**en**

Achtung:
In einigen lateinamerikanischen Ländern, zum Beispiel in Puerto Rico, wird die Form der zweiten Person Plural -*'Ihr'* *(vosotros)* - nicht oder kaum benutzt. Die Leute benutzen dann das *'Sie'*. Die Deutschen benutzen *'Ihr'*, wenn eine Gruppe von Personen informell angesprochen oder adressiert wird: "Hallo, ihr dort hinten! Könnt ihr bitte zu mir kommen?"
Wenn du offiziell an eine fremde Person schreibst, dann musst du die formelle Anrede *'Sie'* oder *'Ihr'* benutzen.

Nota:
En algunos países latinoamericanos, por ejemplo en Puerto Rico, la forma de la segunda persona del plural - *'ihr'* (vosotros) - no se utiliza nunca o casi nunca. La gente entonces usa el "Usted". Los alemanes usan *'Ihr'* cuando un grupo de personas es dirigido informalmente o se le dice: "Hola, ustedes allá atrás... ¿Pueden venir a mí, por favor?
Si usted está escribiendo oficialmente a otra persona que no es de su familia o es su amigo, usted debe usar el saludo formal *'Sie'* o *'Ihr'*,

z.B.:
"Sehr geehrte Frau Dekanin,
wir möchten Sie zu unserer Feier einladen.
Sie können Ihr Auto direkt vor dem Haus parken.
[…]"

"Herr Präsident, gehen Sie bitte in die erste Reihe."

"Frau Meier und Herr Schmidt, Sie sitzen ebenfalls in der ersten Reihe. Die Assistenten werden Ihnen die Dokumente bringen. Ihre Rede wird im Radio gesendet."

Achtung, es gibt viele Verben, bei denen sich der Stammvokal ändert!

Conjugación: El final de los verbos.
Nótese que hay muchos verbos en los que la vocal raíz cambia.

Ich	**-e**	sehe	kaufe	fahre
Du	**-st**	siehst	kaufst	fährst
Er, Sie, Es	**-t**	sieht	kauft	fährt
Wir	**-en**	sehen	kaufen	fahren
Ihr	**-t**	seht	kauft	fahrt
Sie	**-en**	sehen	kaufen	fahren

Wenn der Wortstamm mit einem ‚d' oder ‚t' endet, wird ein 'e' an die Singularendungen der zweiten und dritten Person angehängt, z. B.: arbeiten:

Si la raíz del tallo termina con una 'd' o 't', se añade una 'e' a las terminaciones singulares de la segunda y tercera persona, por ejemplo: trabajar:

Ich	arbeite
Du	arbeitest
Er, sie, es,	arbeitet
Wir	arbeiten
Ihr	arbeitet
Sie	arbeiten.

Achtung: In der deutschen Sprache existiert das
Neutrum in der 3. Person singular: *'es'*!
Wenn du ein Substantiv lernst, musst du immer den
richtigen Artikel dazu lernen!

Atención: En el idioma alemán existe el neutrum
(tercera persona del singular): *'es'*.
Si aprendes un sustantivo, ¡siempre debes aprender el
artículo correcto!
Beispiele:

Maskulinum: *der* Mann: Der Mann

kauft ein Auto.

                            Er kauft ein Auto

Femininum: *die* Frau: Die Frau kauft

ein Auto.

                            Sie kauft ein Auto.

Neutrum: *das* Kind: Das Kind kauft

                            ein Fahrrad.

                            Es kauft ein Fahrrad.

                            das Haus: Das Haus ist

                            klein. *Es* ist klein.

(das Mädchen, das Auto, das Fahrrad ... 'es'!)

Plural: *Die* Autos sind teuer.   *die* Leute
          („La gente" es plural en alemán!)

Deutsche Hilfsverben
Verbos auxiliares alemanes

	haben	*sein*	*werden*
Ich	habe	bin	werde
Du	hast	bist	wirst
Er,			
sie, es	hat	ist	wird
Wir	haben	sind	werden
Ihr	habt	seid	werdet
Sie	haben	sind	werden

'sein' = ser o estar

Der Nominativ

El nominativo

In der deutschen Sprache gibt es vier grammatische Fälle (der Fall = Kasus):
Nominativ, Akkusativ, Dativ, Genitiv. Der Nominativ ist der 1. Fall.
Die Fragewörter sind **WER** oder **WAS**?

En el idioma alemán hay cuatro casos gramaticales (el caso = Kasus): nominativo, acusativo, dativo, genitivo.
El nominativo es el primer caso.
Las palabras de la pregunta son QUIÉN o QUÉ?

Das ist Thomas. *Wer* ist das?   – Thomas.

Meine Oma ist fantastisch. *Wer* ist fantastisch? – Meine Oma.

Ich bin Maria. *Wer* bist du? *Wer* sind Sie?
(Höflichkeitsform) – Maria.
Der Baum ist grün. *Was* ist grün? – der Baum.

Das Haus ist rot. *Was* ist rot? – das Haus.

Das sind einfache Beispiele. Das Subjekt steht im Nominativ, wenn wir *Wer* oder *Was* fragen können.

Wenn wir diese Fragewörter nicht verwenden können, dann steht das Nomen oft in einem anderen Fall! Das gilt besonders für das grammatikalische Objekt.

Sehr vereinfacht erklärt: Wenn du Verben, Hilfsverben oder Modalverben benutzt (außer 'sein'), dann musst du oft den Akkusativ oder den Dativ verwenden.

Estos son ejemplos sencillos. El sujeto está en el nominativo si podemos preguntar *quién* o *qué*.
Si no podemos usar estas palabras de la pregunta, el sustantivo es a menudo en otro caso! Esto es especialmente cierto para el objeto gramatical.

Explicado de forma muy sencilla: Si utiliza verbos, verbos auxiliares o verbos modales (excepto 'sein'), a menudo tiene que utilizar el acusativo o el dativo.

Der Akkusativ

El acusativo

das direkte Objekt / el objeto directo

z. B.: Ich sehe das Auto.

Ich sehe   das Auto.

Subjekt + Verb   direktes Objekt
                   (Akkusativobjekt/objeto
                   directo)

Wer / **Was** + Verb   **Wen** / **Was**

Wer kauft? **Ich** + sehen
Was sehe ich? das **Auto**

Akkusativ:

[m] Der - **den**   ein -   **einen**
Beispiel: (der / ein Stuhl [m])
Ich kaufe **den** / **einen** Stuhl)

[f] Die - <u>die</u>   eine -   eine
(die Lampe, eine Lampe)
Ich kaufe eine Lampe.

[n] Das - <u>das</u>   ein -   ein
(das Auto,   ein Auto)
Ich kaufe ein Auto.

Die – die [pl.]   (die Autos [pl.]   Autos)
Ich sehe die Autos.

z.B.:   Der Mann kauft ein<u>en</u> Computer.
          [der Computer]

          Wer kauft einen Computer? – der Mann
          Was kauft der Mann? –   **einen** Computer

          Er sieht die Frau.   [die Frau]

          Wer sieht die Frau? -   Er
          Wen sieht er? -   die Frau

          Du kaufst ein Auto.
          Mein Vater sieht meinen Bruder.
          Morgen lese ich das Buch.

Personalpronomen - Akkusativ:

Ich - mich	Die Frau sieht *mich* nicht.
Du – dich	Er hört *dich*.
Er - ihn	Ich sehe mein*en* Bruder.
	Ich sehe *ihn*.
Sie - sie	Er liebt Carolina. Er liebt *sie*.
Es – es	Ricardo kauft ein Haus. Er kauft *es*.
Wir – uns	Ja, meine Mutter sieht *uns*.
Ihr - euch	Wir sehen *euch*.
Sie – sie	Ich kenne sie.

Possessivartikel

        (m,   f,   n,   pl.):

Ich -   meinen, meine, mein, meine

(meinen Hund, meine Katze, mein Fahrrad, meine

Eltern)

du -   deinen, deine, dein, deine

er -   seinen, seine, sein, seine

sie -   ihren, ihre, ihr, ihre

es -   seinen, seine, sein, seine

wir -   unseren, unsere, unser, unsere

Ihr -   euren, eure, euer, eure

Sie -   ihren, ihre, ihr, ihre

(Höflichkeitsformen: Ihren, Ihre, Ihr, Ihre)

Beispiele:

Die Frau bezahlt unseren Urlaub.

 Der Junge will seinen Hund sehen.

 Er möchte seinen Bruder, seine Frau und sein Kind

besuchen.

Der Dativ

El dativo

das indirekte Objekt / el objeto indirecto

Das indirekte Objekt ist eine Satzergänzung und gibt an, dass etwas *für* oder *mit* einer anderen Person, einem Ding oder einer Sache getan wird. Das Fragewort ist *'Wem'*.

El objeto indirecto señala PARA QUIÉN o A QUIÉN se hace algo. La pregunta es *'Wem'*.

z. B.: Ich kaufe meiner Schwester einen Computer.

WEM kaufe ich einen Computer? – „meiner

Schwester"

meiner Schwester = indirektes Objekt (Dativobjekt / objeto indirecto)

Wer kauft einen Computer? - Ich.
Was kaufe ich? – ein*en* Computer [Akkusativ]

Dativ:
Wem kaufe ich einen Computer? – mein*er* Schwester

Dativ

Der – **dem**   ein - **einem**
dem Vater, einem Freund

Die - **der**   eine – **einer**
der Schwester, einer Freundin

Das - **dem**   ein - **einem**
dem Kind, einem Mädchen

Die - **den**
den Eltern, den Kindern

Beispiele:

Ich schenke mein*er* Schwester, mein*em* Bruder und
mein*em* Kind viele Bücher.

Er geht mit den Kindern spazieren.

Die Präpositionen **mit, nach, seit, von, zu, aus,
außer, bei** benötigen immer den Dativ.

Beispiele:

Ich gehe *mit meinem Vater* nach Hause.

Das Geld stammt von *der* Bank.

Er geht zu *seinem* Freund.

Achtung: Im Dativ bekommen Substantive oft eine Endung angehängt.
Atención: En el dativo, los sustantivos suelen llevar una terminación.

Beispiele: *maskulin:*

auf *-e*

der Junge / dem Jungen

Er geht mit seinem Jungen spazieren.

der Hase / dem Hasen

Er gibt dem Hasen Futter.

auf *-ent*

der Student / dem Studenten
Sie besorgt dem Studenten die Bücher.

andere Personenbezeichnungen:

der Mensch / dem Menschen
der Herr / dem Herrn   Sie danken dem Herrn.

Auch Substantive, die im Plural *nicht* auf *-s* oder *-n* enden, bekommen im Dativ Plural ein *-n.*

die Kinder / den Kindern:
Die Mutter kauft den Kindern ein Eis.

die Messer / den Messern

Die Personalpronomen /
Los pronombres personales

Ich – mir   Ich nehme *mir* ein Stück Schokolade.

Du - dir   Er hat *dir* viel Geld gegeben.

Er - ihm   Ich gehe mit *ihm* ins Restaurant.

Sie - ihr   Er geht mit *ihr* ins Restaurant.

Es - ihm   Sie fährt mit *ihm* nach Hamburg.

Wir - uns   Der Mann hat *uns* Geld gegeben.

Ihr - euch   Er will *euch* mehr Zeit geben.

Sie -ihnen   Wir fahren mit *ihnen* nach Berlin.

Die Possessivpronomen (Dativ)

Los pronombres posesivos (dativo)

(m,   f,   n   Plural)

Mein: meinem, meiner, meinem, meinen

Dein: deinem, deiner, deinem, deinen

Sein: seinem, seiner, seinem, seinen

Ihr: ihrem, ihrer, ihrem, ihren

Sein: seinem, seiner, seinem, seinen

Unser: unserem, unserer, unserem, unseren

Euer: eurem, eurer, eurem, euren

Ihr, ihr: ihrem, ihrer, ihrem, ihren

Beispiele:

Ich fliege mit mein*em* Freund, mein*er* Mutter,
mein*en* Hunden und mein*en* Katzen nach Santiago.

Er sagt unser*em* Freund, wann wir uns treffen.

Ich schenke mein*er* Freundin einen Ring und unserer
Mutter eine Halskette.

Im Krieg ging es eur*en* M*ü*tter*n* nicht gut.

Die Zeitformen

Los tiempos

In der deutschen Sprache gibt es sechs Zeitformen:
Hay seis tiempos en alemán:

Präsens	*el presente*
Präteritum	*el pretérito*
Perfekt	*el perfecto*
Plusquamperfekt	*el plusquamperfecto*
Futur I	*el futuro*
Futur II	*el futuro II*

Für die Anwendung der Zeitformen in einem kompletten Satz brauchen wir oft die Hilfswerben **haben, sein** und **werden.**

También necesitamos los verbos auxiliares *haben, sein* y *werden*, para formar una oración completa.

sein – für Verben der *Bewegung* im
Perfekt und *Plusquamperfekt*, z.B.:
fahren, gehen,
 schwimmen, etc.

haben – für alle anderen Verben
(Achtung: Es gibt Ausnahmen!)

werden – für das Futur

Beispiele:

Präsens: Ich *kaufe* ein Auto.

Ich *fahre* nach Berlin.

Präteritum: Ich *kaufte* ein Auto.

Ich *fuhr* nach Berlin.

Perfekt: Ich *habe* ein Auto *gekauft*.

Ich *bin* nach Berlin *gefahren*.

Plusquamperfekt: Ich *hatte* ein Auto *gekauft*.

Ich *war* nach Berlin *gefahren*.

Futur I: Ich *werde* ein Auto *kaufen*.

Ich *werde* nach Berlin *fahren*.

Futur II: Ich *werde* ein Auto *gekauft haben*.

Ich *werde* nach Berlin *gefahren sein*.

Die Deutschen benutzen oft das *Perfekt* in der
Alltagssprache.
En el lenguaje cotidiano, los alemanes usan en
general el tiempo *perfecto*.

z.B.:
Hänsel und Gretel *sind* in den Wald *gegangen.*
Er *hat* das Buch *gelesen.*
Du *bist* die ganze Zeit im Hotel *geblieben*?

Das *Präteritum* wird meist in der Literatur
verwendet, z. B. im Märchen.
El *pasado simple* se utiliza más a menudo en la
literatura, por ejemplo, en los cuentos de hadas.

z.B.:
Hänsel und Gretel *gingen* in den Wald.
Er *las* das Buch.

____

____

____

____

____

____

____

____

Modalverben
Verbos modales

Das *Verb* steht im deutschen Aussagesatz generell in der *2. Position*.

z.B.:   Ich *kaufe* ein Auto.

Wenn wir ein Modalverb im Satz verwenden, dann nimmt *dieses Modalverb* die *2. Position* ein und das Verb steht am Ende des Satzes im Infinitiv.

Cuando usamos un *verbo modal* en una oración, este toma la *segunda posición*, mientras que el verbo original va al final de la oración en el infinitivo.

z.B.: Ich *will* ein Auto *kaufen*.

Das sind die deutschen Modalverben:

können, dürfen, müssen, sollen, wollen, mögen (möchten) (*möchten* ist eine Form (Konjunktiv) von *mögen* und drückt einen Wunsch aus. z. B.: Ich möchte ein Eis essen.)

können	**dürfen**	**müssen**
kann	darf	muss
kannst	darfst	musst
kann	darf	muss
können	dürfen	müssen
könnt	dürft	müsst
können	dürfen	müssen

sollen	wollen	mögen	möchten
soll	will	mag	möchte
sollst	willst	magst	möchtest
soll	will	mag	möchte
sollen	wollen	mögen	möchten
sollt	wollt	mögt	möchtet
sollen	wollen	mögen	möchten

Beispiele:

Kannst du mir bitte helfen?

Sein Kind kann schon laufen.

Ich darf keinen Kaffee trinken, hat der Arzt gesagt.

Das Mädchen darf sich ein Eis kaufen.

Die Menschen in anderen Ländern müssen hart
arbeiten.

Der Mann muss zum Arzt gebracht werden.

Ich soll dir sagen, dass du sofort zu Professor
Smolinski kommen sollst.

Das soll alles sein?

Er will Astronaut werden.

Die Kinder wollen nicht mehr spielen.

Er mag kein Eis essen, sie mag keinen Wein trinken.

Meine Eltern möchten keinen Kaffee trinken.

Ich möchte bitte noch ein Stück Kuchen essen.

Professor Pharies will noch ein Buch übersetzen.

Der Genitiv

el genitivo

Der **Genitiv** zeigt *Besitz* oder *Zugehörigkeit* an. Das Fragewort ist *'Wessen'*. (Den *Genitiv* nennt man auch den „*Wessen"-Fall*.)

El **genitivo** denota *posesión* o *pertenencia*. La palabra de la pregunta es *'Wessen'* (cuyo, ¿De quién?).

z. B.:
Ich kaufe meiner Schwester den Computer eines Freundes.

WESSEN Computer?
Der Computer *eines Freundes*.

(cuyo, ¿De quién? - Esta es la computadora de mi amigo.)

z. B.:   Das ist das Haus meines Vaters.

Frage: *Wessen* Haus ist das?
Antwort: Das ist das Haus *mei̲n̲e̲s̲ Vater̲s̲*.

Recuerda: Utilizamos el genitivo si queremos expresar *posesión* o *pertenencia*.
[Este caso también se llama „Wessen-Fall" (cuyo / de quien).]

Por ejemplo: Esta es la casa de mi padre.
Pregunta: ¿De quién es la casa?
Respuesta: Esta es la casa de mi padre.

In der deutschen Sprache wird der Genitiv oft durch den Dativ verdrängt, besonders in der Alltagssprache. Dennoch ist der Genitiv wichtig, um Sachverhalte korrekt zu beschreiben, besonders in schriftlichen Texten.

Los estudiantes a menudo tienen problemas para usar correctamente el genitivo en el idioma alemán. En la lengua alemana, el caso genitivo es a menudo desplazado por el caso dativo, especialmente en el lenguaje cotidiano. Sin embargo, el caso del genitivo es importante para describir correctamente los hechos, especialmente en el lenguaje escrito.

Genitiv:

Der - **des**   ein - **eines**

des Freundes, eines Baumes, eines Studenten

Die - **der**   eine - **einer**

der Tante, einer Frau, einer Studentin, der Blume

Das - **des**   ein - **eines**

des Kindes, des Mädchens, eines Autos

Die - **der**

der Eltern, der Studenten, der BauernBeispielsätze:

Die Farbe *seines Autos*.

Das ist das Buch *ihres Freundes*.

Sie hat die E-Mail *unseres Vaters* nicht erhalten.

Das Auto *ihrer Mutter* ist grün.

Der Professor hat die E-Mail der Studentin/des

Studenten gelesen.

Das Substantiv bekommt ein **-es** angehängt, wenn es

auf s, ß, x oder z endet.

Es bekommt nur ein **-s** angehängt, wenn es auf eine

unbetonte Silbe endet oder ein Fremdwort ist.

Alle anderen Substantive können mit *-s* oder *-es*

geschrieben werden.

Wenn ein Name oder Eigenname auf *-s* / *-x* / oder *-z*

endet, dann wird der Genitiv mit einem Apostroph

gebildet: Hans' Haus; Xerxes' Armee.

Wichtige Präpositionen, die mit dem *Genitiv*
verwendet werden:

(an)statt
Anstatt eines Computers habe ich mich für eine Reise
entschieden.

trotz
Trotz des schlechten Wetters war das Stadion voll.

während
Während des Unterrichts habe ich wie immer
geschlafen.

wegen
Du solltest eine Sonnenbrille wegen der Sonne
tragen.

außerhalb
Der Ball war außerhalb des Spielfeldes.

innerhalb
Wir müssen die Aufgabe innerhalb einer Stunde
erledigen.

angesichts
Angesichts der Gefahr hat sie die Polizei gerufen.

infolge
Infolge des dichten Nebels kam es zu vielen Unfällen
in Berlin.

einschließlich
Das kostet 2000 Euro, einschließlich der
Versandkosten.

dank
Dank der Fortschritte in der Medizin konnte sie
geheilt werden.

Adjektivendungen

Terminaciones de los adjetivos

Mit einem *bestimmten* Artikel hat das Adjektiv die Endung **-e**.

Beispiel: **rot**

Der rote Tisch.

Die rote Rose.

Das rote Auto.   (Die ro**ten** Autos [pl.]!)

Du musst immer das Geschlecht des Substantivs anzeigen!
Mit einem *unbestimmten* Artikel übernimmt das Adjektiv mit seiner Endung.
Du brauchst einen Indikator, das bedeutet, dass nun das *Adjektiv* das Geschlecht des Substantivs anzeigt.

Atención: ¡Siempre se debe indicar el género del sustantivo!
Con un artículo indefinido el adjetivo toma el relevo con su terminación.
Necesitas un indicador, lo que significa que ahora el adjetivo indica el género del sustantivo.

Ein rote**r** Tisch. (der)

Eine rote Rose. (die)

Ein rote**s** Auto. (das)   (einige) rote Häuser (die)

bestimmter Artikel:	**unbestimmter** Artikel
Der lange Weg.	**Ein** lang<u>er</u> Weg.
Die lange Straße.	**Eine** lang<u>e</u> Straße.
Das lange Wochenende.	**Ein** lang<u>es</u> Wochenende.
Die lang<u>en</u> Schlangen.	lang<u>e</u> Schlangen [pl.]

Generell bekommt das Adjektiv in allen anderen Fällen (Akkusativ, Dativ, Genitiv) die Endung **-en**.

En general, el adjetivo se pone en todos los demás casos (acusativo, dativo, genitivo) el sufijo **-en**.

Akkusativ:	Ich kaufe *einen teuren* Computer.
Dativ:	Wir fahren mit *unserem alten* Auto.
Genitiv:	Die Farbe des *alten Autos* unseres *Freundes* ist orange.

Ein Beispiel für einen langen deutschen Satz:

Ich kaufe mein*er* lieb*en*, gut*en* Mutter [Dativ] den teur*en* Computer [Akkusativ] eines bekannt*en* Hersteller*s* [Genitiv].

Konjunktionen

Conjunciones

Konjunktionen leiten Nebensätze ein.
Konjunktionen drücken Beziehungen aus: modal,
temporal, kausal.

Las conjunciones introducen a las oraciones
subordinadas.
Las conjunciones expresan relaciones: modales,
temporales, causales.

Wenn / Wann / Als

Wenn (cuando, si)   (Bedingung / condición)

z. B.: Wenn du krank bist, musst du zum Arzt gehen.

eventos repetidos en el pasado:

z. B.: Immer wenn ich krank war, ging ich zum Arzt.

Wann (cuándo)   (Zeit / época, tiempo, hora)

z. B.: Wann kommt der Bus? Ich weiß nicht, wann
der Bus kommt.

Als (cuándo / como [de comparación])
(Vergangenheit / eventos en el pasado)

z. B.:
Als ich klein war, bin ich oft in Kino gegangen.
Als ich nach Hause kam, stand die Tür offen.
Er antwortete nicht, als ich ihn rief.

Weitere wichtige, unterordnende Konjunktionen:

weil, da, daher, obwohl, ob, dass, damit, dadurch

Beispiele:

Ich studiere an der Universität von Puerto Rico, *weil* es die beste Universität der Insel ist.

Sie studiert in Cambridge, da es für sie die beste Universität der Welt ist.

Ich weiß nicht, *ob* Michael ein guter Student ist.

Er liest sehr viel, *daher* weiß er viel über deutsche Dichter.

Obwohl ich eine richtige Arbeit habe, habe ich noch einen Nebenjob.

oder:

Ich habe noch einen Nebenjob, *obwohl* ich eine richtige Arbeit habe.

Ich fahre mit dem Fahrrad zur Uni, *weil* es gesund ist und *weil* es außerdem gut für die Umwelt ist.

Meine Freunde müssen sich beeilen, *damit* sie noch rechtzeitig zum Konzert kommen.

Ich glaube, *dass* er traurig ist, *weil* er im Sommer nicht nach Österreich fliegen kann.

Präpositionen

Preposiciones

Nominativ: Der Nominativ benötigt keine Präposition.
El nominativo no requiere una preposición.

Dativ: ab, außer, aus, bei, gegenüber, mit,
                    nach, seit, von, zu

Akkusativ: bis, durch, für, um, gegen,

Achtung: Es gibt Präpositionen, die können mit dem
Akkusativ *oder* dem Dativ verwendet werden.
(Siehe Kapitel "Wechselpräpositionen"!)

Nota: Hay preposiciones que se pueden usar con el
acusativo o el dativo. Véase el capítulo
'Preposiciones duales'.

Genitiv: wegen, während, infolge, statt, trotz

Es gibt noch mehr Präpositionen im Deutschen.
Hay incluso más preposiciones en alemán.

Beispiele:

Ab Montag müssen wir mehr arbeiten.

Sie kommt aus dem Haus.

Der verletzte Mann muss zum Arzt gebracht werden.

Sie übernachtet bei ihrer Freundin.

Ich fahre mit meinem Freund nach Hamburg.

Der Zug fährt durch einen Tunnel.

Wechselpräpositionen

Preposiciones bidireccionales

Die Präpositionen

an, auf, in, über, unter, vor, hinter, zwischen, neben

können mit dem *Dativ oder* dem *Akkusativ* verwendet werden. Deshalb werden sie *Wechselpräpositionen* genannt. Wenn man Wechselpräpositionen benutzt, dann ändert sich die Bedeutung des Satzes in der deutschen Sprache.

Las preposiciones *in, auf, an, über, unter, vor, hinter, zwischen, neben* se puede utilizar con el caso dativo o acusativo. Por lo tanto, también se les llama *preposiciones bidireccionales* o *preposiciones duales*. Dependiendo del caso que utilice con la misma preposición exacta, el significado de la oración puede cambiar. Esto puede ser muy confuso para los hablantes no nativos.

Wir unterscheiden generell zwischen

a)
Richtung / Bewegung (Wohin?) = **Akkusativ**

vs.

b)
Ort (Wo?)   =   **Dativ**

Beispiel:

a) Der Adler fliegt über *den* See.

(El águila vuela sobre el lago)

(Wohin? = „Richtung" = Akkusativ)

b) Der Adler fliegt über *dem* See.

(El águila vuela sobre el lago)

(Wo? = „Ort" = Dativ)

En español, la frase se ve igual. En alemán, el segundo ejemplo significa que el águila vuela sobre un espacio reducido, el lago. Da vueltas sobre el lago.

andere Beispiele:

a)   Die Katze geht unter *den* Tisch.
El gato va debajo de la mesa y se esconde allí.

b)   Die Katze geht unter *dem* Tisch. (Die Katze
     geht unter dem Tisch hin und her)
El gato se mueve debajo de la mesa. (El gato camina
de un lado a otro bajo la mesa)

a)   Ich gehe *in den* Park. Voy al parque.
b)   Ich gehe *im* Park (Ich gehe im Park
     spazieren.) Camino por el parque.

____

____

____

____

____

____

wichtige Verben für Wechselpräpositionen:
verbos importantes para las preposiciones
bidireccionales (alternas):

Dativ: (posición)   **Akkusativ**: (movimiento)

stehen - de pie   stellen - *poner algo en*
                                   posición vertical

liegen – estar (acostado)   legen - *colocar algo*
                                   horizontal

sitzen – estar sentado   setzen - *sentarse/sentar a*
                                   alguien

hängen - colgando   hängen - colgando

stecken - para poner / insertar
                   stecken - para poner / insertar

Beispiele:

Ich stelle das Auto vor *das* Haus.   [Akkusativ]
Das Auto steht vor *dem* Haus.   [Dativ]

Die Frau legt sich in *die* Sonne.
Jetzt liegt die Frau in *der* Sonne.

Ich hänge das Bild an *die* Wand.
Jetzt hängt das Bild hängt an *der* Wand.

Ich stecke den Stecker in *die* Steckdose.
Jetzt steckt der Stecker in *der* Steckdose.

stehen	**stellen**	**liegen**	**legen**
stehe	stelle	liege	lege
stehst	stellst	liegst	legst
steht	stellt	liegt	legt
stehen	stellen	liegen	legen
steht	stellt	liegt	legt
stehen	stellen	liegen	legen

sitzen	**setzen**	**hängen**	**stecken**
sitze	setze	hänge	stecke
sitzt	setzt	hängst	steckst
sitzt	setzt	hängt	steckt
sitzen	setzen	hängen	stecken
sitzt	setzt	hängt	steckt
sitzen	setzen	hängen	stecken

mehr Beispiele:

Der Experte *stellt* den Computer auf *den* Tisch.

stellen: Akk. = **Wohin?** =
Richtung/Bewegung (dirección / movimiento)

Jetzt *steht* der Computer auf *dem* Tisch.
stehen: Dativ = **Wo?** = **Ort** (posición)

Die Katze setzt sich auf *einen* Stuhl. [Akkusativ]
(Wohin)
Jetzt sitzt die Katze auf *einem* Stuhl. [Dativ] (Wo)

Der Mann hängt den riesigen Fernseher an *die* Wand.
(Wohin)
Jetzt hängt der riesige Fernseher an *der* Wand.
(Wo)

Der Elektriker steckt den Stecker in *die* Steckdose.
(Wohin)
Der Stecker steckt in *der* Steckdose.
(Wo)

Sie legt sich gerne in *die* Sonne.   (Wohin)
Sie liegt gerne in *der* Sonne.   (Wo)

____

____

____

Der Konjunktiv

El subjuntivo

Wir verwenden den *Konkunktiv* in der *indirekten Rede* und für Situationen, die *nicht real* sind, z.B. Wünsche. Im Konjunktiv gibt es zwei Formen, den *Konjunktiv I* und den *Konjunktiv II*.

Usamos el subjuntivo en el habla indirecta y para situaciones que no son reales, por ejemplo: deseos. En el subjuntivo hay dos formas, el subjuntivo I y el subjuntivo II.

Konjunktiv I:

meistens in den Nachrichten (Radio, TV) und in Zeitungstexten.

z. B.:

Der Politiker sagte, er habe nichts von dem Geld gewusst.
Sie sagte, dass sie keine Angst habe und vorbereitet sei.

Konjunktiv II:

für höfliche Fragen, höfliche Aussagen, Möglichkeiten, Unmöglichkeiten und Wünsche.

z. B.:

Er sagte, er würde sein Handy nicht benutzen.

Dürfte ich noch eine Tasse Kaffee haben?

Ich würde für dich die Kohlen aus dem Feuer holen,
wenn ich wüsste, dass ich es dürfte und könnte.

Ich wünschte, ich könnte zaubern.

Sie wünschte, sie wäre in Santiago de Chile.

Wenn ich in Wien wäre, würde ich am
Deutschprogramm der Universität teilnehmen.

Beispiele:

	gehen	**sein**	**haben**	**würde**
Ich	ginge	wäre	hätte	würde
Du	gingest	wär(e)st	hättest	würdest
Er, sie, es	ginge	wäre	hätte	würde
Wir	gingen	wären	hätten	würden
Ihr	ginget	wär(e)t	hättet	würdet
Sie	gingen	wären	hätten	würden

Auch: Tambien:

Ich würde gehen
Du würdest gehen
Sie würde gehen
Wir würden gehen
Ihr würdet gehen
Sie würden gehen

Der Relativsatz
La cláusula relativa

Ein Relativsatz ist ein Satz, der sich auf ein Nomen oder Pronomen (ein Bezugswort) im Hauptsatz bezieht. Dieser Relativsatz gibt uns neue, bessere oder genauere Informationen zu dem Nomen/Pronomen im Hauptsatz. Relativsätze erklären also etwas genauer. Sie werden durch ein Komma vom Hauptsatz getrennt. Oft stehen die Relativsätze direkt hinter dem Nomen/Pronomen, auf das sie sich beziehen. Das Verb steht generell am Ende des Relativsatzes.

Una cláusula relativa es una cláusula que se refiere a un sustantivo o un pronombre en la cláusula principal. Nos da información nueva o más precisa sobre el sustantivo / pronombre en la cláusula principal. Así, las cláusulas relativas explican algo con más precisión. Por lo tanto, están separadas por una coma de la cláusula principal. A menudo, las cláusulas relativas estaban directamente detrás del sustantivo. El verbo generalmente se encuentra al final de una cláusula relativa.

z. B.:
Das ist *die* Professorin, *die* Deutsch lehrt.

Beispiel: **Das ist die Professorin. Sie lehrt Deutsch.**

Aus diesen zwei Hauptsätzen kann man einen einzigen Satz bilden. Das ist im Deutschen üblich. Der zweite Hauptsatz (*Sie lehrt Deutsch. Ella enseña alemán.*) gibt uns neue oder genauere Informationen zum Bezugswort im ersten Satz (*eine Professorin. la profesora / la catedrática*).

A partir de estas dos cláusulas principales se puede formar una sola frase. Esto es habitual en alemán. La segunda frase principal (*Ella enseña alemán.*) nos da información nueva o más detallada sobre la palabra de referencia de la primera frase (la profesora).

Daraus folgt nun:
Ahora sigue:

Das ist *die* Professorin, *die* Deutsch lehrt.

Der Relativsatz hinter dem Komma erklärt also das Substantiv (Bezugswort) genauer.
La cláusula relativa detrás de la coma explica el sustantivo (palabra de referencia) con mayor precisión.

Wie bilde ich Relativsätze?

Um Relativsätze zu bilden, muss man die Fälle der deutschen Grammatik beherrschen: *Nominativ, Akkusativ, Dativ, Genitiv.*

Dann muss man entscheiden, was in dem Satz passiert und die Fälle entsprechend benutzen:

Man muss außerdem wissen, wo das Verb/Modalverb im Relativsatz steht.

Con el fin de formar una oración relativa es necesario dominar los casos de gramática alemana: nominativo, acusativo, dativo y genitivo. Luego tendrá que decidir lo que sucede en la oración y usar los casos adecuadamente. **También** necesitará saber dónde va el verbo / verbo modal en la oración relativa.

1.

a)   man muss das *Bezugswort* (Nomen, Pronomen) suchen

b)   ist das Bezugswort singular oder plural?

c)   ist das Bezugswort: *maskulinum*, *femininum* oder *neutrum*?

Achtung! Nur Zahl und Geschlecht sind dabei wichtig. Alles andere ist irrelevant (nicht wichtig)!

z. B.: Das ist *die* Professorin. *Sie* lehrt Deutsch.

a)   Bezugswort: "die Professorin"

b)   = singular

c)   = femininum

Relativsatz: Das ist die Professorin, die Deutsch lehrt.

2.

jetzt muss man entscheiden:

a)   Ist das Bezugswort der 'Agent der Aktion'
     (macht das Bezugswort etwas)?

z. B.: Sie studiert Deutsch. = Nominativ. (Sie macht
                                          etwas)

b)   Ist das Bezugswort Teil einer direkten
     Aktion?

z.B.: Ich sehe *die Studentin.* = Akkusativ. (Sie macht
                                             nichts.)

c)   Wird etwas für das Bezugswort getan?
z.B.: Ich gebe *der Studentin* ein Buch. = Dativ.

d)   Ist das Bezugswort ein Teil von etwas oder
       gehört zu etwas?
z. B.: Das ist die Studentin, *deren* Buch ich habe.
 (Ich habe ein Buch, das der Studentin gehört. =
Genitiv.)

Beispiele:

femininum

Das ist *die Professorin, die* Deutsch lehrt.

(Die Professorin lehrt Deutsch. = *Nominativ*)

Das ist *die Professorin, di*e ich kenne.

(Ich kenne sie = direkte Aktion = *Akkusativ*)

Das ist *die Professorin, der* ich das Buch gebe.

(Ich tue etwas für die Professorin. Ich gebe ihr das

Buch. = *Dativ*)

Das ist *die Professorin, deren* Kurs ich besuche.

(Es ist „ihr Kurs" = *Genitiv*)

maskulinum

Das ist *der Autor, der* ein Buch schreibt.

    Nominativ

Das ist *der Autor, den* ich besuche.

    Akkusativ

Das ist *der Autor,* dem ich mein Essay gebe.

    Dativ

Das ist *der Autor, dessen* Buch ich gekauft habe.

    Genitiv

neutrum

Das ist *das Kind, das* lesen kann.

Nominativ

Das ist *das Kind, das* ich kenne.

Akkusativ

Das ist *das Kind, dem* ich ein Eis kaufe.

Dativ

Das ist *das Kind, dessen* Eltern aus Wien kommen.

Genitiv

Plural

Die Frauen, die …

Nominativ

Die Frauen, die …

Akkusativ

Die Frauen, denen …   *Dativ*

Die Frauen, deren …   *Genitiv*

Die Männer, die…

Nominativ

Die Männer, die…

Akkusativ

Die Männer, denen…

Dativ

Die Männer, deren …

Genitiv

Die Kinder, die…

Nominativ

Die Kinder, die …

Akkusativ

Die Kinder, denen…

Dativ

Die Kinder, deren …

Genitiv

Weitere Erklärungen:

Relativpronomen *Wer, Wen, Wem,* etc. werden in Redewendungen oder in der indirekten Rede benutzt.

z.B.: Es ist klar, wem ich das Buch gebe.

Wo/Wohin können als Relativpartikel benutzt werden, meistens bei Orten, Ländern, Städten, etc.

z.B.: Ich habe in Cottbus gewohnt, *wo* meine Eltern heute noch wohnen.

Relativsätze können eingeschobene Sätze sein.

z.B.:

Der Mann, den ich kenne, hat ein blaues Auto
Mein Freund, *der* in Hawaii lebt, geht oft surfen. (im Hauptsatz)

Mein Freund denkt, dass die Fußballspieler, *die* bei Bayern München spielen, die besten der Welt sind. (im Nebensatz)

Mein Freund möchte wissen, ob seine Freundin, *die* in Wien wohnt, ihn liebt. (im Infinitivsatz)

Mein Freund schreibt seiner Freundin, *die* in der Schweiz, *wo* man sehr gut leben kann, als Lehrerin arbeitet. (im Relativsatz)

Das Verb / El verbo
„lassen"

Generell wird das Verb *lassen* verwendet, wenn wir etwas aufgeben oder etwas für uns getan wird. In einem Satz kann das Verb *lassen* auch mit einem zweiten Verb verbunden werden, so ähnlich wie in der Kombination Modalverb + Verb.

En general, el verbo *lassen* se usa cuando renunciamos a algo o algo se hace por nosotros. En una oración, el verbo también se puede conectar a un segundo verbo, similar a la combinación de verbo modal + verbo. Por ejemplo: *Mi auto está siendo reparado / arreglado*. En alemán, esto significa literalmente: *„Dejo mi auto repararse / arreglarse.*

z. B.:

Er lässt sein Auto reparieren.

Wir lassen uns beraten.

Lass dir Zeit!

Lass das sein! (Imperativ)

Der König lässt sich ein Schloss bauen.

lassen:

Präsens	Präteritum
lasse	ließ
lässt	ließest
lässt	ließ
lassen	ließen
lasst	ließt
lassen	ließen

Das Passiv

La voz pasiva

Wir verwenden das Passiv, wenn wir eine generelle Handlung betonen wollen. Dabei ist es unwichtig, wer die Tätigkeit ausübt. Ein Passivsatz entsteht, wenn der Aktivsatz umgeformt wird. Dazu benötigen wir das Partizip des Verbes und Formen der Hilfsverben *sein* und *werden*.

Usamos el pasivo, si queremos enfatizar una acción general. No importa quién ejerce la actividad. Una oración pasiva se forma al remodificar la oración activa. Por lo tanto, necesitamos el participio del verbo y las formas de los verbos auxiliares *sein* und *werden*. Por ejemplo: El hombre está arreglando el coche. / El coche será arreglado.

z. B.

Aktivsatz: Der Mann repariert das Auto.

Passivsatz: Das Auto wird repariert.

Pedro schenkt seiner Freundin einen Ring mit Diamanten.
Seiner Freundin wird ein Ring mit Diamanten geschenkt.

Der Arzt versorgt den Verwundeten.
Der Verwundete wird versorgt.

Weiter Beispiele für einfache Passivsätze:

Die Tür wurde langsam geöffnet.

Das Kind ist in Sicherheit gebracht worden.

Hänsel und Gretel sind im Wald zurückgelassen worden.

Mir wurde gesagt, dass ich ins Büro kommen soll.

____

____

____

____

____

____

Das Präpositionalobjekt
El objeto preposicional

Ein *Präpositionalobjekt* ist ein *Objekt,* vor dem eine Präposition steht. Die Phrasen auf der nächsten Seite werden im Deutschen sehr oft benutzt.
Achtung: Phrasen, die mit *sich* beginnen, deuten darauf hin, dass man das Verb reflexiv benutzen muss.

Un objeto preposicional es un objeto precedido por una preposición. Las frases en la siguiente página se usan muy a menudo en alemán. Atención: las frases que comienzan con *sich* indican que se tiene que usar el verbo reflexivamente. Por lo tanto, se debe estar familiarizado con los pronombres reflexivos.

z.B.: „sich freuen über" -
Ich freue mich über ein Buch von Gabriel García Márquez.

die *Reflexivpronomen*:

Ich	mich	Ich freue mich auf heute Abend.
Du	dich	Du freust dich.
Er	sich	Er freut sich auf den Film.
Sie	sich	Sie kümmert sich um die Tiere.
Es	sich	Es freut sich auf ein Eis.
Wir	uns	Wir interessieren uns für Musik.
Ihr	euch	Ihr gewöhnt euch an das Klima.
Sie	sich	Sie erinnern sich?

Achtung: Nicht alle Verben benötigen ein Reflexivpronomen! Hier sind einige Beispiele *mit* und *ohne* Reflexivpronomen:

sich kümmern *um*	Ich kümmere mich um meine Familie.
denken *an*	Ich denke oft an meine Heimat.
sich interessieren *für*	Die Studentin interessiert sich sehr für Nuklearphysik.
Angst haben *vor*	Der Kammerjäger hat keine Angst vor Kakerlaken.
antworten *auf*	Der Politiker antwortet nicht direkt auf alle Fragen.
sich beschäftigen *mit*	Sie beschäftigen sich mit den Problemen einer Großstadt.

danken *für*
Ich danke Ihnen für die E-Mail.

bitten *um*
Sie bittet um einen Termin.

sich freuen *auf*
Ich freue mich auf die Feier.

sich freuen *über*
Das Mädchen freut sich über das schöne Geschenk.

diskutieren *über*
Sie diskutieren immer über die gleichen Probleme.

sich gewöhnen *an*
Er kann sich nicht an das Klima gewöhnen.

sprechen *über*
Wir müssen über die Probleme sprechen!

sprechen *von/über*
Er spricht nicht von seiner Arbeit.
(Er spricht nicht *über* seine Arbeit)

lachen über
Der Professor hat keinen Humor, denn er kann über nichts lachen.

sich erinnern *an*
Wir erinnern uns, dass wir noch einkaufen müssen.
Er erinnert sich daran.

erzählen *von*
Imi Lichtenfeld erzählt vom Alltag auf dem Schiff *Pentcho*.

hoffen *auf*
Sie hoffen auf eine bessere Zukunft.

handeln *von*
Der Film handelt von den Problemen nach dem
Erdbeben.

Pronominaladverbien
Los adverbios pronominales

Pronominaladverbien sind sogenannte „Kompositionen" aus verschiedenen Wörtern oder Silben. Sie dienen dazu, bestimmte Substantive zu ersetzen, damit diese nicht immer wiederholt werden. Die wichtigsten zwei „Kompositionen" beginnen mit den Silben *Wo-* und *Da-*.

Los adverbios pronominales se denominan "composiciones" de diferentes palabras o sílabas. Se utilizan para reemplazar ciertos nombres para que no siempre se repitan. Las dos "composiciones" más importantes comienzan con las sílabas *Wo-* y *Da-*.

Beispiele:

- Worauf, Woran, Worüber, Wovon …

- Darauf, Daran, Darüber, Davon …

Wie man sieht, sind diese Wörter Kompositionen aus
Wo / Da + Präposition,
z. B.: *Wovon* oder *Worauf.*
Wo + von = *Wovon*;   Da + von = *Davon*
Wo + r + auf = Worauf;   Da + r + an = Daran

Achtung: Wenn die Präposition mit einem Vokal beginnt, wird ein „**r**" eingeschoben. Dann kann man das Wort besser sprechen.

Um diese Formen der Adverbien zu bilden, müssen Sie die Präpositionen beherrschen,

z.B.: denken *an:*
Woran denkst du? Ich *denke an* die Zukunft.

warten auf: *Worauf* wartest du?

Montag fahren wir nach Frankfurt. Ich freue mich schon *darauf.* (Ich freue mich *auf* die Reise nach Frankfurt.)

Wofür interessierst du dich?
Ich interessiere mich für Geschichte.
Interessierst du dich auch *für* Geschichte?
Nein, ich interessiere mich nicht *dafür.*

Wovon spricht er?
Ich habe keine Ahnung, *wovon* er spricht, aber ich merke, dass er *davon* keine Ahnung hat.

Quellen (Grammatik): "Deutsche Geschichte und Grammatik"
(Peter Lang Verlag; ISBN: 78-1433162084
Duden. www.Duden.de

Deutsche Geschichte
Ein Überblick

9 n. Chr. Schlacht im Teutoburger Wald (Varus Schlacht): Die Germanen besiegen römische Legionen. Der Anführer der Germanen war Arminius (Hermann). Als Kind wurde er nach Rom gebracht und dort Arminius genannt. Später wurde er Offizier im römischen Heer. Als er in seine alte Heimat zurückkam, vereinigte er germanische Stämme und kämpfte gegen seine eigenen Legionen. Sein Gegner war General Varus. Nach dem Sieg der Germanen drangen die Römer nicht weiter nach Germanien ein. Der Fluss Rhein bildete die Grenze des römischen Reiches.

Um 200 n. Chr. Langsam entsteht eine „Glasindustrie", besonders rund um die Stadt Köln. Dies haben Archäologen nachgewiesen.

Ab ca. 400 Die Völkerwanderung in Mitteleuropa ist in vollem Gange. Nun zogen auch germanische Stämme durch Mitteleuropa. Sie waren auf der Suche nach besseren Lebensbedingungen.

455 Die Franken erobern die Stadt Köln.
Die Franken waren ein westgermanischer Stamm. Bisher gehörte Köln zum römischen Reich.

800 Karl der Große (Karolus Magnus; Charlemagne): Der Frankenkönig Karl wird Kaiser. Dies war der Beginn des 'Heiligen Römischen Reiches Deutscher Nation'.

919 Heinrich der Vogler, ein sächsischer Herzog, wird König. Dadurch wurde aus dem ostfränkischen Reich zum ersten Mal so etwas wie Deutschland.

1152 bis 1190 Friedrich Barbarossa, aus dem Geschlecht der Staufer, wird König und Kaiser. Durch ihn erreichte das römisch-deutsche Reich einen Höhepunkt von Macht und Kultur.

1356 Die Goldene Bulle.
Die Goldene Bulle war eine Verfassung, die von Kaiser Karl IV. erlassen wurde. Diese Verfassung war das wichtigste Dokument des deutschen Mittelalters.

Ca. 1450 Johannes Gutenberg erfindet den Buchdruck - das Bedrucken von Papier mit beweglichen Lettern. Bücher, Papiere und Flugblätter konnten schneller gedruckt werden. Sie mussten nicht mehr von Hand kopiert werden.

Um 1500 Kaiser Maximilian: Der "letzte Ritter" herrscht über ein noch machtvolles Reich. Allerdings war dieses Reich reformbedürftig. Maximilian war einer der populärsten Kaiser. Mit ihm begann der Aufstieg der Dynastie der Habsburger zur Weltmacht.

1517 Martin Luther: Seine Ideen spalten die Kirche. Eigentlich wollte Luther nur auf Exzesse in der Kirche aufmerksam machen und prangerte den Ablasshandel an. Deshalb schrieb er einen Brief an den Bischof. Die relativ neue Erfindung des Buchdrucks half, seine Ideen schnell in Europa zu verbreiten. Die Reformation wurde somit in Europa vorangetrieben. Außerdem übersetzte Luther die Bibel in das Neuhochdeutsche. Dadurch wurde er ein Vorbereiter einer einheitlichen deutschen Sprache.

1618 bis 1648 Der Dreißigjährige Krieg.
Der Krieg begann als Religionskrieg. Deutschland war ein Schlachtfeld. Es herrschten 30 Jahre lang Hunger, Not, Elend und Grausamkeiten.

1740 bis 1786 König Friedrich II.: Preußen erlebt einen Aufstieg. Friedrich II. war ein aufgeklärter Absolutist. Er nannte sich „Erster Diener seines Staates", war rational, musisch begabt, aber auch selbstherrlich und führte Kriege. Er wurde sehr streng erzogen. Sein Vater wurde als „Soldatenkönig" bekannt, hatte jedoch nie nennenswerte Kriege geführt. Er war es, der den Grundstein für den späteren Aufstieg Preußens legte.

1792-1815 Napoleonische Kriege: Napoleon überfällt mehrere europäische Länder.
Sein Feldzug gegen Rußland 1812 endete in einem Desaster. Langsam entstand ein deutsches Nationalbewusstsein. Im Jahre 1813 kam es zur Völkerschlacht bei Leipzig. Es war die entscheidende Schlacht in den Befreiungskriegen gegen den französischen Herrscher. Napoleon wurde verbannt, kehrte aber zurück und begann erneut, Krieg zu führen. In der Schlacht bei Waterloo (1815) wurde seine Armee endgültig besiegt.

1814/1815 Der Wiener Kongress: Europa wird neu aufgeteilt.
Allerdings wurden Ländergrenzen bei dem Treffen der Staatsmänner oft willkürlich gezogen und alte Machtstrukturen wurden beibehalten. Deshalb kam es später immer wieder zu Aufständen in Europa.

1844 bis 1848 Die arme Bevölkerung wird immer unzufriedener.

Die Gründe waren schlechte Ernten, Hungersnöte, Verlust von Arbeit, besonders bei Handwerkern, weil neue Maschinen entwickelt wurden. Im März 1848 kam es zu revolutionären Aufständen mit vielen Toten. Eine bürgerliche Revolution scheiterte. Viele enttäuschte Menschen verließen das Land in den Folgejahren. Eine Auswanderungswelle in die U.S.A. begann. Einige Deutsche machten dort Karriere in Politik und Wirtschaft.

1848 „Proletarier aller Länder vereinigt Euch!“: Das kommunistische Manifest von Karl Marx und Friedrich Engels erscheint.

Ab 1850 Die Industrialisierung schreitet voran.
Die deutschsprachige Region entwickelte sich zu einer der führenden in der Welt.

1862 Otto von Bismarck wird preußischer Ministerpräsident.
Bismarck dominierte die deutsche Politik und entwickelte sich zu einem der mächtigsten Politiker der Welt. Er erzwang Kriege und sorgte für Frieden in Deutschland. Er kämpfte gegen Sozialisten und den Einfluss der Katholische Kirche. Unter seiner Führung wurden jedoch auch die ersten Kranken-, Unfall- und Rentenversicherungen eingeführt. Dies war weltweit einzigartig.

1863 Ferdinand Lassalle gründet den "Allgemeinen Deutschen Arbeiterverein". Es war die erste Arbeiterpartei Deutschlands.

1867 „Das Kapital. Kritik der politischen Ökonomie." Bd.I, von Karl Marx erscheint.

1870 Bismarck veröffentlicht einen Brief von König Wilhelm I., allerdings in verkürzter Form. Durch diese Manipulation kam es zu nationalen Entrüstungen in Deutschland und Frankreich. Frankreich erklärte Preußen und anderen deutschen Ländern den Krieg, den Preußen gewann.

1871 Bismarck nutzt die Gelegenheit, ein neues Kaiserreich zu gründen. Im Spiegelsaal des Schlosses von Versailles, Frankreich, wurde Wilhelm I. zum Deutschen Kaiser ausgerufen.

1884 Deutschland bekommt eigene Kolonien in Afrika und in der Südsee.

1888 "Drei-Kaiser-Jahr": Kaiser Wilhelm I. stirbt, sein Nachfolger Kaiser Friedrich III. stirbt nur wenige Monate später; Wilhelm II. wird Deutscher Kaiser.
Die deutsche Wirtschaft boomte, die deutsche Außenpolitik wurde zunehmend aggressiver, es begann eine Aufrüstung.

1890 Streit zwischen Kaiser Wilhelm II. und Bismarck. Bismarck wurde daraufhin als Reichskanzler und preußischer Ministerpräsident entlassen. Er starb acht Jahre später.

1900 Das Bürgerliche Gesetzbuch tritt in Kraft.
Durch das neue Zivilrecht wurde die innere Einigung Deutschlands vollendet.

1914-1918 Der Erste Weltkrieg. Deutschland war mitschuldig an dessen Ausbruch. Resultate des Krieges: ca. 10 Millionen tote Soldaten, ca. sieben Millionen tote Zivilisten, Millionen Verletzte, Hunger, Unterernährung, Zerstörung, Armut, eine veränderte politische Landschaft in Europa. Wilhelm II. musste abdanken und ins Exil gehen.

1918-1933 Die Weimarer Republik: Politische Unruhen, Streiks, Aufstände, Hyperinflation und ökonomische Probleme prägten die Jahre nach dem Ersten Weltkrieg. Aufgrund der politischen Verhältnisse und der Sicherheitslage musste die Regierung in der Stadt Weimar tagen. Daher der Name. Wissenschaft, Kunst und Kultur, besonders das neue Medium Film, erlebten eine Blüte in Deutschland. Trotz der zahlreichen gesellschaftlichen, ökonomischen und politischen Probleme wurde andererseits getanzt und gefeiert. Deshalb sind die Jahre auch als „Goldene Zwanziger" bekannt.

1930-1933 Bei den Reichstagswahlen wird die NSDAP zweitstärkste Kraft. Kommunisten und Nationalsozialisten hatten sich seit langem politisch und in Straßenschlachten bekämpft. Die Weltwirtschaftskrise erreichte Deutschland. Mehr als sechs Millionen Menschen waren 1931 arbeitslos gemeldet. Trotz staatlicher Unterstützung verbreiteten sich Massenelend und Hunger. Reichspräsident Hindenburg berief 1933 den "Führer" der NSDAP, Adolf Hitler, zum Reichskanzler. Danach rissen die Nationalsozialisten langsam die gesamte Macht an sich. Dabei halfen ihre Schlägertrupps, die SA. Die ersten Internierungslager entstanden, aus ihnen wurden später die berüchtigten Konzentrationslager (KZ). Dorthin wurden besonders zahlreich politische Gegner und Juden verschleppt.

1934 – 1938 Hitler hat uneingeschränkte Macht.
Der Diktator war bei der Mehrheit der Deutschen beliebt. In Deutschland wurde die Wehrpflicht wieder eingeführt, die 1919 abgeschafft wurde. Die Nazis hatten die gesamte Gesellschaft durchdrungen und propagierten „neuen Lebensraum" im Osten. Juden wurden gnadenlos verfolgt. Die Menschen bekamen Arbeit, besonders im Straßenbau und beim Ausbau von Autobahnen. Österreich und das Sudetenland werden annektiert.

1939 Der deutsch-sowjetische Nichtangriffspakt (auch Hitler-Stalin-Pakt). Beginn des Zweiten Weltkriegs durch den Überfall auf Polen am 1. September.

1940 Hitler beginnt den Krieg gegen Frankreich, Belgien und Holland. Mit dem Einzug der deutschen Wehrmacht in Frankreich stand Hitler auf dem Höhepunkt seiner Macht und seines Ansehens bei der deutschen Bevölkerung.

1941 Überfall auf die Sowjetunion.
Hitlers "Blitzkrieg" hatte zunächst Erfolg. Im selben Jahr erfolgte eine Kriegserklärung an die U.S.A. Japan hatte den U.S. Stützpunkt Pearl Harbor, Hawaii, bombardiert. Daraufhin erklärten die U.S.A. Japan den Krieg. Deutschland und Italien (die sogenannten Achsenmächte) waren Verbündete Japans.

1942 Wannseekonferenz.
Bei einem Treffen in einer Villa am Berliner Wannsee wird „die Endlösung der Judenfrage" festgelegt. Dabei handelte es sich um nichts anderes als die Festlegung der systematischen Vernichtung der Juden. Der Krieg kam nach Deutschland zurück, besonders britische Bomber flogen Luftangriffe auf deutsche Städte.

1943 Stalingrad und Sportpalast.

Bei Stalingrad wurde ein Teil der deutschen Wehrmacht eingekesselt und musste aufgeben.

Im Berliner Sportpalast hielt Propagandaminister Goebbels eine Rede, um die Deutschen einzuschwören. Seine Frage, die er schrie, „Wollt ihr den totalen Krieg?" wurde mit einem tausendfachen „Ja!" beantwortet.

1944 D-Day und Attentat: An den Stränden der Normandie landen amerikanische, kanadische und britische Truppen.

Im Osten bekämpfte die Rote Armee die deutsche Wehrmacht. Im Führerhauptquartier in Ostpreußen wurde versucht, Hitler durch eine Bombe umzubringen. Das Attentat scheiterte.

1945 Hitler und Goebbels begehen Selbstmord. Ende des Weltkrieges.

Vertreter der deutschen Wehrmacht unterzeichneten am 8. Mai 1945 die bedingungslose Kapitulation. Deutschland und Berlin wurden in vier Besatzungszonen eingeteilt (U.S.A., Sowjetunion, England, Frankreich)

Im August des Jahres wurden Atombomben von amerikanischen Flugzeugen über den japanischen Städten Hiroshima und Nagasaki abgeworfen. Mit der Kapitulation Japans wurde der Zweite Weltkrieg endgültig beendet.

1947 Preußens Ende: Der Staat Preußen wird formell aufgelöst.Preußen, so der Alliierte Kontrollrat, stand für Reaktion und Militarismus.

1948 Marshall Plan, Währungsreform, Blockade: Der Marshall Plan, inoffiziell benannt nach dem amerikanischen Außenminister, sollte dazu beitragen, Westeuropa, inklusive Westdeutschland, zu unterstützen und dem Kommunismus entgegenzuwirken. Nach einer Währungsreform im Westen riegelte die Sowjetunion den Westteil Berlins komplett ab. Die Stadt wurde fast ein Jahr lang durch die sogenannte Luftbrücke versorgt.

1949 Ende der Luftbrücke, zwei deutsche Staaten: Trotz Not und Entbehrungen waren die Berliner und die Alliierten standhaft geblieben. Die Sowjetunion musste die Blockade Westberlins abbrechen; Stalin erlitt somit eine politische Niederlage.
Im Westen Deutschlands wurde die demokratische Bundesrepublik (BRD) gegründet. Im Osten kam es zur Gründung der Deutschen Demokratischen Republik (DDR). Die DDR war eine Parteidiktatur, die von Moskau aus angeleitet wurde.

1952 Das deutsche Fernsehen (Heute „daserste.de") geht auf Sendung (Trede).

1953 Arbeiteraufstand in der DDR: Die führende Partei (SED) hatte beschlossen, die Arbeitsnormen zu erhöhen. Die folgenden Streiks und Demonstrationen der Arbeiter wurden von der Sowjetarmee gewaltsam unterdrückt.

1954 "Das Wunder von Bern": Deutschland ist Fußball-Weltmeister. Die Deutschen besiegten in der Schweiz die Mannschaft aus Ungarn mit 3:2. Der Sieg hatte eine ungeheure „gesellschaftspolitische und psychologische Wirkung" für die Deutschen (DPA, „Das Wunder von Bern")

1956 Die letzten Kriegsgefangenen kehren aus der Sowjetunion nach Deutschland zurück.

1961 Massenflucht und Mauerbau: Immer mehr Menschen fliehen aus der DDR in den Westen. Die DDR drohte ökonomisch auszubluten. Deshalb wurde von der DDR-Führung veranlasst, eine Mauer zu bauen. Diese trennte die DDR von der BRD, auch der Westteil Berlins wurde eingemauert. Westberlin war nun ein „Politikum" und wurde von der BRD versorgt.

1962 Schwere Flutkatastrophe an der Nordsee.
Die Beatles hatten ihren ersten Auftritt in Hamburg.

1963 Rücktritt: Bundeskanzler Konrad Adenauer, der erste Nachkriegsbundeskanzler, tritt zurück. Sein Nachfolger wurde Ludwig Erhard, „der Vater des deutschen Wirtschaftswunders". Seit den 50ger Jahren erlebte der Westen Deutschlands einen Aufschwung und die deutsche Wirtschaft florierte weiter.
U.S Präsident John F. Kennedy besuchte Deutschland. In Berlin rief er seinen berühmte Satz: „Ich bin ein Berliner!".
Das Zweite Deutsche Fernsehen (ZDF) ging auf Sendung.
Die Führung der DDR begann, die Grenze zwischen den beiden Staaten immer weiter abzusichern. Dies geschah durch tödliche Waffen und verminte „Todeszonen".

1968 Die 68er-Bewegung: Zehntausende Studenten gehen auf die Straße. Die Studenten demonstrierten u.a. gegen Entscheidungen der Bundesregierung, den Vietnamkrieg, für mehr Demokratie, Hochschulreformen und sexuelle Befreiung (Flocken).

1971 Erich Honecker löst SED-Chef Walter Ulbricht ab. Hoffnungen auf eine Liberalisierung der DDR wurden nicht erfüllt.

1972 Olympiade und Trauer:
In München finden die Olympischen Sommerspiele statt. Während der Spiele überfielen Terroristen das Olympische Dorf und ermordeten israelische Sportler.

1974 Deutschland ist wieder Fußball-Weltmeister. Diesmal sogar im eigenen Land. In der Vorrunde wurde das spätere Weltmeisterteam der BRD allerdings von der Mannschaft der DDR besiegt.

1977 Die Terroristen der Roten Armee Fraktion (RAF) verbreiten Terror in Deutschland. „Aus politischen Gründen" töteten sie elf Menschen.

1981 Staatsbesuch und Stasi: Der Bundeskanzler der BRD, Helmut Schmidt, besucht die DDR. Dabei wurde die Kleinstadt Güstrow komplett von Polizei und Stasi (DDR Geheimdienst) besetzt.

1983 Proteste gegen die Stationierung von U.S. Atomwaffen in West-Deutschland.
1989 Proteste, Flucht und Grenzöffnung: Die friedliche Revolution siegt. Das politische System der DDR war nicht mehr haltbar. Immer mehr Menschen flüchteten über Ungarn und Österreich in den Westen. Ungarn hatte seine Grenze, den „Eisernen Vorhang", geöffnet. In vielen Städten des Landes kam es zu Demonstrationen für mehr Freiheit und Demokratie. Zehntausende gingen auf die Straße. Durch die Demonstrationen waren Politiker und Sicherheitskräfte überfordert. Am 9. November wurde die Berliner Mauer aufgrund von Gerüchten geöffnet. Deutschland feierte.

1990 Deutschland ist vereinigt. Berlin wurde erneut zur gesamtdeutschen Hauptstadt erklärt.

1994 Immer mehr Arbeitslose: Mehr als vier Millionen Menschen sind ohne Arbeit. So viele waren in der Bundesrepublik noch nie arbeitslos. Grund dafür war u.a. der Wegfall von Arbeitsplätzen im Osten Deutschlands.

1997 "Jahrhunderthochwasser": Überschwemmungen nach Regenfällen im Osten Deutschlands.
Radsport: Jan Ullrich gewinnt die Tour de France. Er war der erste deutsche Sieger dieser Tour.

1998 Der Euro kommt: Das Parlament stimmt mehrheitlich für die Einführung der neuen Währung. Ab 2002 wurde die D-Mark vom Euro im Bargeldverkehr abgelöst.
Giganten-Fusion: Die Daimler Benz AG und Chrysler fusionieren. Allerdings verlor die Daimler AG dadurch Milliarden. Das Ende der Fusion kam 2007.
Deutschland im Kosovo-Konflikt: Nach einem Beschluss der Regierung dürfen deutsche Soldaten bei Einsätzen der NATO teilnehmen. Es war der erste Kriegseinsatz der Bundeswehr.

1999 Zurück nach Berlin: Der Bundestag tagt nun nicht mehr in Bonn, sondern offiziell im Reichstag in Berlin.
Literatur-Nobelpreis: Die Auszeichnung wird Günter Grass (u.a. Die Blechtrommel) verliehen.

2001 Aus für Atomenergie: Die Bundesregierung und die Atomenergiewirtschaft unterzeichnen die Verträge zum Atomausstieg.

2002 Erneut Hochwasser: Durch starken Regen und Überschwemmungen kommt es erneut zu Hochwasserkatastrophen in Mitteleuropa. In Deutschland starben 22 Menschen, der Schaden betrug rund 18 Milliarden Euro.

2003 heiß, heißer, am heißesten: Der Sommer des Jahres ist der heißeste seit Beginn der Temperaturmessungen.
Fußball-Weltmeister: Die deutschen Frauen gewinnen den Titel. Im Jahre 2007 werden sie erneut Fußballweltmeister.

2004 Formel 1: Michael Schumacher wird zum siebten Mal Weltmeister in der Formel 1, der Königsklasse des Autorennsports. Er beendete seine Karriere zwei Jahre später. Durch einen tragischen Skiunfall ist er seit Jahren körperlich stark beeinträchtigt.

2005 Arbeitsmarktreform: Die Zahlungen an Langzeitarbeitslose werden neu berechnet. Das Gesetz wurde als Hartz IV bekannt. Dagegen gab es Massenproteste.
Ein „deutscher Papst" nach 480 Jahren: Als Papst nennt sich Kardinal Joseph Ratzinger Benedikt XVI.
Eine Frau wird Regierungschefin: Angela Merkel ist die neue Bundeskanzlerin.

2007 Eisbären-Phänomen: Das Eisbärenbaby Knut wird im Berliner Zoo der Öffentlichkeit vorgestellt. Millionen Menschen und internationale Medien kamen seinetwegen nach Berlin. Gründe für das Medienecho waren die Umstände seiner Geburt und Aufzucht. Der Eisbär starb 2011 an einer Infektion.

2008 Finanz-Desaster: Die internationale Finanzkrise trifft Deutschland. Für die Rettung deutscher Banken stellte die Regierung 500 Milliarden Euro zur Verfügung.

2012 Rücktritt: Bundespräsident Christian Wulff tritt zurück. Ihm wurde vorgeworfen, sich Vorteile erschlichen zu haben.

2013 Papst Benedikt XVI kündigt seinen Rücktritt an. Selten ist ein Papst freiwillig zurückgetreten.
Alternative für Deutschland (AfD): Diese neue Partei verändert das politische System der Bundesrepublik. Die Partei gilt als rechtsextrem und zieht 2017 in den Bundestag.

2014 Jubel in Deutschland, Tragödie bei Brasilianern: Die deutsche Nationalmannschaft ist wieder Fußball-Weltmeister beim Turnier in Brasilien. In der Vorrunde hatten die Deutschen Brasilien mit 7:1 besiegt.

2015 „Wir schaffen das" (Angela Merkel): Immer mehr Flüchtlinge wollen nach Deutschland. Die deutsche Flüchtlingspolitik wird heftig diskutiert.
VW-Abgasskandal: Das Unternehmen Volkswagen gibt zu, Abgaswerte bei Dieselmotoren manipuliert zu haben.

2016 Terror: Auf dem Weihnachtsmarkt in Berlin fährt ein Terrorist in eine Menschenmenge. Dabei kamen 12 Menschen ums Leben.

2017 Krawalle in Hamburg: Beim G20-Treffen kommt es zu schweren Auseinandersetzungen zwischen Demonstranten und Polizei. Es war der bisher größte Polizeieinsatz in der Geschichte der Bundesrepublik.
„Ja" für alle: Homosexuelle dürfen ohne Benachteiligungen heiraten. Vorher konnten sie zusammenleben, allerdings mit einigen Einschränkungen.

2019 Karriere-Ende: NBA-Star Dirk Nowitzki gibt seinen Rücktritt vom Basketball bekannt.

2020 Pandemie: Das Coronavirus in Deutschland. Der erste Fall wurde bereits im Januar bekannt.
Die Impfpflicht gegen Masern tritt in Kraft

Quellenangaben:

DPA. „Wunder von Bern: Ein 3:2 für die Ewigkeit." www.Stern.de, 20.Oktober, 2003
https://www.stern.de/sport/fussball/wunder-von-bern-ein-3-2-fuer-die-ewigkeit-3520836.html

DPA. „90er-Jahre: Peanuts, Love Parade, Jahrhundertflut."
www.focus.de
https://www.focus.de/politik/deutschland/60-jahre-bundesrepublik/90er-jahre-peanuts-love-parade-jahrhundertflut_aid_381104.html

DPA. „2000er-Jahre: Benedikt, Knut und Rinderwahn."
www.focus.de https://www.focus.de/politik/deutschland/60-jahre-bundesrepublik/2000er-jahre-benedikt-knut-und rinderwahn_aid_382490.html

Flocken, Jan von, u.a. „Deutschland: Die 60er Jahre."
www.focus.de, 3. Mai, 1999.
https://www.focus.de/politik/deutschland/deutschland-die-60er-jahre_aid_175864.html

Flocken, Jan von, u.a. „Deutschland: Die 80er Jahre." *www.focus.de*
3. Mai, 1999.
https://www.focus.de/politik/deutschland/deutschland-die-80er-
jahre_aid_175866.html

Kellerhoff, Sven Felix. „Die deutsche Geschichte im Überblick."
www.Welt.de, 03.Juni.2006.
https://www.welt.de/print-welt/article220842/Die-deutsche-
Geschichte-im-Ueberblick.html

Rheinische Post. „Wichtige Ereignisse 2020: Was passierte in der
Welt?" *www.rp-online.de* 19.04. 2020, https://rp-
online.de/panorama/jahresrueckblick/wichtige-ereignisse-2020-
was-passierte-in-der-welt_bid-9638139#3

Tagesspiegel, Der. „Rückblick auf die 2010er Jahre: Die wichtigsten
Ereignisse des vergangenen Jahrzehnts in 100 Bildern."
www.Tagesspiegel.de, 31.12.2019
https://www.tagesspiegel.de/gesellschaft/panorama/rueckblick-auf-
die-2010er-jahre-die-wichtigsten-ereignisse-des-vergangenen-
jahrzehnts-in-100-bildern/25360766.html

Trede, Broder-Jürgen. „Erste Fußball-Fernsehübertragung: Ein
Wintermärchen." *www.Spiegel.de*, 26.12.2017.
https://www.spiegel.de/geschichte/erste-fussball-liveuebertragung-
im-fernsehen-st-paulis-debakel-a-1183097.html

Warnking, Anthrin. „Die 2010er: Ein Rückblick" *www.n-joy.de,*
20.12. 1999.
https://www.n-joy.de/leben/Die-2010er-Ein-
Rueckblick,rueckblick502.html

Historia de Alemania
Una visión general

9 d.C. Batalla del Bosque de Teutoburgo (Batalla de Varus): Las tribus germánicas derrotan a las legiones romanas. El líder de los teutones era Arminio (Hermann). De niño lo llevaron a Roma y allí lo nombraron Arminio. Más tarde se convirtió en un oficial del ejército romano. Cuando regresó a su antigua patria, se unió a las tribus germánicas y luchó contra sus propias legiones. Su oponente era el General Varus. Después de la victoria de los teutones, los romanos no penetraron más el territorio germánico. El río Rin formaba la frontera entre Imperio Romano y Germania.

Alrededor del año **200 d.C.** Se desarrolló lentamente una "industria del vidrio", especialmente alrededor de la ciudad de Colonia. Los arqueólogos lo han demostrado.

A partir del año **400**, la migración de los pueblos de Europa Central estaba en pleno apogeo.
En aquel entonces, también las tribus germánicas se desplazaron por Europa Central. Estaban en busca de mejores condiciones de vida.

455 Los francos conquistan la ciudad de Colonia.
Los francos eran una tribu germánica occidental. Hasta ese momento Colonia había pertenecido al Imperio Romano.

800 Carlomagno: Carlomagno, rey de los francos, se convierte en emperador.
Este fue el comienzo del "Sacro Imperio Romano de la Nación Alemana".

919 Enrique el Vogler, un duque sajón, se convierte en rey. Esta fue la primera vez que el Imperio de los Francos del Este se convirtió en algo parecido a lo que hoy conocemos como Alemania.

1152 a 1190 Friedrich Barbarossa, de la familia Staufer, se convierte en rey y emperador. A través de él, el Imperio Romano Germano alcanzó su punto más alto de poder y cultura.

1356 La Bula de Oro.
La Bula de Oro fue una constitución emitida por el emperador Carlos IV. Esta constitución fue el documento más importante de la Edad Media alemana.

1450 Johannes Gutenberg inventó la imprenta, la impresión de papel con letras móviles. Los libros, papeles y folletos podrían imprimirse más rápido. Ya no tenían que ser copiados a mano.

1500 Alrededor de esa época el Emperador Maximiliano: el "último caballero" gobierna un imperio que aún es poderoso. Sin embargo, este imperio necesitaba una reforma. Maximiliano fue uno de los emperadores más populares. Con él comenzó el ascenso de la dinastía de los Habsburgo hasta llegar a ser una potencia mundial.

1517 Martín Lutero: Sus ideas dividieron a la Iglesia.
En realidad, Lutero sólo quería llamar la atención sobre los excesos de la Iglesia y denunciar la venta de indulgencias. Por esta razón escribió una carta al obispo. La reciente invención de la imprenta ayudó a difundir sus ideas rápidamente por toda Europa. La Reforma fue así impulsada en Europa. Además, Lutero tradujo la Biblia al Nuevo Alto Alemán, una forma

más moderna del idioma en ese momento. Esto lo convirtió en un pionero de la lengua alemana unificada.

1618 a 1648 La guerra de los treinta años:
La guerra comenzó como una guerra religiosa. Alemania fue un campo de batalla. Hubo hambre, miseria y crueldad durante 30 años.

1740 a 1786 El Rey Federico II: Prusia experimenta un crecimiento. Federico II fue un absolutista ilustrado. Se llamaba a sí mismo "Primer Siervo de su Estado", era racional, artísticamente dotado, pero también autocrático y hacía guerras. Fue criado muy estrictamente. Su padre llegó a ser conocido como el "Rey Soldado", pero nunca peleó en ninguna guerra digna de mención. Fue él quien sentó las bases para el posterior ascenso de Prusia bajo el dominio de su hijo.

1792-1815 Guerras Napoleónicas: Napoleón invade varios países europeos.
Su campaña contra Rusia en 1812 terminó siendo un desastre. Lentamente se desarrolló una conciencia nacional alemana. En 1813 tuvo lugar la Batalla de las Naciones cerca de Leipzig. Fue la batalla decisiva en las guerras de liberación contra el gobernante francés. Napoleón fue exiliado, pero regresó y comenzó a hacer la guerra de nuevo. En la batalla de Waterloo (1815) su ejército finalmente fue derrotado.

1814/1815 El Congreso de Viena: Europa se divide nuevamente.
Sin embargo, las fronteras nacionales se trazaban a menudo de manera arbitraria en la reunión de los políticos y líderes nacionales y se conservaban las antiguas estructuras de poder. Por eso hubo repetidos levantamientos en Europa más tarde.

1844 a 1848 La población pobre está cada vez más insatisfecha.

Las razones para la insatisfacción de la población fueron: las malas cosechas, las hambrunas, y la pérdida de trabajos, especialmente entre los artesanos, debido al desarrollo de nuevas maquinarias. En marzo de 1848 hubo levantamientos revolucionarios con muchos muertos. Una revolución burguesa fracasó. Hubo muchas personas decepcionadas abandonaron el país en los años siguientes. Comenzó una ola de emigración a los Estados Unidos. Algunos alemanes hicieron una carrera en la política y la economía allí.

1848 "¡Proletarios de todos los países uníos!"
Aparece el manifiesto comunista de Karl Marx y Friedrich Engels.

A partir de 1850 la industrialización avanza.
La región de habla alemana se convirtió en una de las principales regiones del mundo.

1862 Otto von Bismarck se convierte en primer ministro en Prusia.
Bismarck dominó la política alemana y se convirtió en uno de los políticos más poderosos del mundo. Forzó las guerras y aseguró la paz en Alemania. Luchó contra los socialistas y la influencia de la Iglesia Católica. Bajo su liderazgo, sin embargo, se introdujeron los primeros planes de seguros de salud, accidentes y pensiones. Esto fue único en todo el mundo.

1863 Ferdinand Lassalle fundó la "Asociación General de Trabajadores Alemanes".
Fue el primer partido de los trabajadores en Alemania.

1867 Aparece el primer volumen de la obra de Karl Marx: "*Das Kapital*". *("El capital. Críticas de la economía política.")*

1870 Bismarck publica una carta del rey Guillermo I, pero de forma incompleta. Esta manipulación causó indignación nacional en Alemania y Francia. Francia le declaró la guerra a Prusia y a otros países alemanes. Prusia ganó esta guerra.

1871 Bismarck aprovecha la oportunidad para establecer un nuevo imperio. En el Salón de los Espejos del Palacio de Versalles, Francia, Guillermo I fue proclamado Emperador de Alemania.

1884 Alemania tiene sus propias colonias en África y en los mares del sur.

1888 "El año de tres emperadores": El emperador Guillermo I muere, y su sucesor, el emperador Federico III, muere sólo unos meses después. Guillermo II se convierte en emperador de Alemania. La economía alemana se disparó, a la vez que su política exterior se volvió cada vez más agresiva, y comenzó un armamento.

1890 Disputa entre el Emperador Guillermo II y Bismarck. Bismarck fue entonces destituido. Murió ocho años después.

1900 El Código Civil alemán entra en vigor.
El nuevo derecho civil completó la unificación interna de Alemania.

1914-1918 La Primera Guerra Mundial. Alemania fue en parte responsable de su comienzo.

Resultados de la guerra: unos 10 millones de soldados muertos, aproximadamente siete millones de civiles muertos, millones de heridos, hambre, malnutrición, destrucción, pobreza, y un cambio en el panorama político de Europa. Guillermo II tuvo que abdicar y exiliarse.

1918-1933 La República de Weimar: Disturbios políticos, huelgas, sublevaciones, hiperinflación y problemas económicos dieron forma a los años posteriores a la Primera Guerra Mundial. Debido a la situación política y de seguridad, el gobierno tuvo que reunirse en la ciudad de Weimar. De ahí el nombre. La ciencia, el arte y la cultura, especialmente el nuevo medio cinematográfico, experimentaron un florecimiento en Alemania. A pesar de los numerosos problemas sociales, económicos y políticos, se bailaba y se celebraba por otro lado. Es por eso que los años son también conocidos como los "Dorados Veinte".

1930-1933 El NSDAP se convierte en el segundo partido más fuerte en las elecciones del Reichstag.

Los comunistas y los nacionalsocialistas habían luchado entre sí políticamente y en enfrentamientos violentos en las calles (*Straßenschlachten)* durante mucho tiempo. La crisis económica mundial llegó a Alemania. Más de seis millones de personas se registraron como desempleados en 1931. A pesar del apoyo del Estado, la miseria y el hambre se propagan en masa. El presidente del Reino *(Reich),* Hindenburg, nombró a Adolf Hitler como su canciller en 1933. Después de eso los nacionalsocialistas lentamente tomaron todo el poder. Sus escuadrones de matones, las SA, ayudaron en este proceso. Se establecieron los primeros campos de internamiento, que más tarde se convirtieron en los famosos campos de concentración (KZ). Los opositores políticos y los judíos fueron deportados en grandes cantidades a estos campos.

1934 - 1938 Hitler tiene un poder ilimitado.
El dictador era popular entre la mayoría de los alemanes. La conscripción, que había sido abolida en 1919, fue reintroducida en Alemania. Los nazis habían penetrado en toda la sociedad y propagado el "nuevo espacio vital" en el Este. Los judíos fueron perseguidos sin piedad. La gente consiguió trabajo, especialmente en construcción de carreteras y en la ampliación de las autopistas. Austria y los Sudetes (parte de Checoslovaquia) fueron anexados.

1939 El pacto de no agresión germano-soviético (también conocido como el pacto Hitler-Stalin). Comienza la Segunda Guerra Mundial por causa de la invasión a Polonia el 1 de septiembre.

1940 Hitler comienza la guerra contra Francia, Bélgica y Holanda.
Con la entrada del ejército alemán (*Wehrmacht*) en Francia, Hitler estaba en la cima de su poder y prestigio entre la población alemana.

1941 La invasión a la Unión Soviética.
La "*Blitzkrieg*" (guerra relámpago) de Hitler fue inicialmente exitosa. Ese mismo año se hizo una declaración de guerra a los EE.UU. Japón había bombardeado la base de EE.UU. en *Pearl Harbor,* Hawái. Los EE.UU. le declararon la guerra a Japón, Alemania e Italia; también llamadas "Potencias del Eje".

1942 La Conferencia de *Wannsee*.

En una reunión en una villa en el lago *Wannsee* de Berlín, se determina "la solución final de la cuestión judía". Esto no fue otra cosa que la determinación del exterminio sistemático de los judíos. La guerra volvió a Alemania; los bombarderos británicos, en particular, hicieron ataques aéreos sobre las ciudades alemanas.

1943 Stalingrado y Palacio de Deportes.

Cerca de Stalingrado, una parte del ejército alemán fue rodeado y tuvo que rendirse.

En el Palacio de Deportes de Berlín, el Ministro de Propaganda, Goebbels, dio un discurso para alentar a los alemanes. Su pregunta, en forma de grito: "¿Quieren una guerra total?" fue respondida con el clamor de miles de personas gritando: "¡Sí!".

1944 Día D y asesinato: Tropas americanas, canadienses y británicas desembarcan en las playas de Normandía.

En el Este, el Ejército Rojo luchó contra el ejército alemán. En el cuartel general del *Führer* en Prusia del Este (*Ostpreußen*) intentaron matar a Hitler con una bomba. El intento de asesinato fracasó.

1945 Hitler y Goebbels se suicidan. Fin de la Segunda Guerra Mundial.

Los representantes del ejército alemán firmaron la rendición incondicional el 8 de mayo de 1945. Alemania y Berlín se dividieron en cuatro zonas de ocupación (EE.UU., Unión Soviética, Inglaterra y Francia)

En agosto de ese año, aviones americanos lanzaron bombas atómicas sobre las ciudades japonesas de Hiroshima y Nagasaki. Con la capitulación de Japón, la Segunda Guerra Mundial terminó finalmente.

1947 El Fin de Prusia: El estado Prusia *(Preußen)* se disuelve formalmente.
Prusia, según el Consejo de Control Aliado, representaba la reacción y el militarismo.

1948 Plan Marshall, reforma monetaria, bloqueo:
El "Plan Marshall", denominado extraoficialmente en honor al estadounidense Secretario de Estado, tenía por objeto ayudar a apoyar a Europa occidental, incluida Alemania occidental, y contrarrestar el comunismo. Después de una reforma monetaria en Occidente, la Unión Soviética cerró completamente la parte occidental de Berlín. La ciudad fue abastecida por el llamado "puente aéreo" durante casi un año.

1949 Fin del transporte aéreo, dos estados alemanes:
A pesar de las dificultades y privaciones, los berlineses y los aliados se mantuvieron firmes. La Unión Soviética tuvo que romper el bloqueo de Berlín Occidental; Stalin sufrió así una derrota política.
En Alemania Occidental se fundó la República Federal Democrática (RFA). En el Este, se fundó la República Democrática Alemana (RDA). La RDA era una dictadura de partido que se dirigía desde Moscú.

1952 La televisión alemana (hoy *"daserste.de"*) sale al aire.

1953 Levantamiento de los trabajadores en la RDA: el partido líder (SED) había decidido hacer más rigurosas las normas laborales. Las huelgas siguientes y las manifestaciones de los trabajadores fueron violentamente suprimidas por el ejército soviético.

1954 "El Milagro de Berna": Alemania es el campeón mundial de fútbol.
Los alemanes derrotaron al equipo de Hungría en Suiza 3:2. La victoria tuvo un tremendo "efecto sociopolítico y psicológico" para los alemanes.

1956 Los últimos prisioneros de guerra regresan a Alemania desde la Unión Soviética.

1961 Huida masiva y construcción del Muro: Cada vez más gente huye de la RDA hacia el Oeste. La RDA se vio amenazada por un posible desangramiento económico. Por lo tanto, los líderes de la RDA ordenaron la construcción de un muro. Esto separó a la RDA de la RFA; y la parte occidental de Berlín también fue amurallada. Berlín Occidental era ahora un "centro político" y era abastecido por la RFA.

1962 Grave desastre por inundación en el área del Mar del Norte.
Los Beatles tuvieron su primer concierto en Hamburgo.

1963 Dimisión: El Canciller Federal Konrad Adenauer, el primer Canciller Federal de la posguerra, dimite. Su sucesor fue Ludwig Erhard, "el padre del milagro económico alemán". Desde los años 50 el oeste de Alemania experimentó un auge y la economía alemana continuó floreciendo.
El presidente de los Estados Unidos, John F. Kennedy, visitó Alemania. En Berlín gritó su famosa frase: "*Ich bin ein Berliner*!".
La Segunda Televisión Alemana (ZDF) salió al aire.
Los líderes de la RDA comenzaron a asegurar aún más la frontera entre los dos estados. Esto se hizo con armas mortales y se minaron las "zonas de muerte".

1968 El Movimiento 68: Decenas de miles de estudiantes van a la calle. Los estudiantes se manifestaron en contra de las decisiones del gobierno federal, contra la guerra de Vietnam, a favor de más democracia, a favor de reformas universitarias, y por liberación sexual, entre otras cosas.

1971 Erich Honecker reemplaza al líder de SED, Walter Ulbricht. Las esperanzas de una liberalización de la RDA no se cumplieron.

Olimpiadas de **1972** y luto: Las Olimpiadas de verano se celebran en Múnich.
Durante los Juegos, un grupo terrorista atacó la Villa Olímpica y asesinó a varios atletas israelíes.

1974 Alemania es una vez más el campeón mundial de fútbol. Y esta vez en casa. Sin embargo, en la ronda preliminar, el equipo campeón del mundo de la RFA fue derrotado por el equipo de la RDA.

1977 Los terroristas de la Facción del Ejército Rojo (RAF) sembraron el terror en Alemania. "Por razones políticas" mataron aproximadamente a once personas.

1981 Visita del Canciller del Estado y *Stasi* (Servicio Secreto de Alemania del Este): El Canciller Federal de la RFA, Helmut Schmidt, visita la RDA. Durante esta visita, la pequeña ciudad de Güstrow fue completamente ocupada por la policía y la *Stasi*.

1983 Protestas contra la presencia de armas nucleares de EE.UU. en Alemania Occidental.

1989 Protestas, fuga y apertura de la frontera: La revolución pacífica gana. El sistema político de la RDA ya no era sostenible. Cada vez más gente huía a Occidente a través de Hungría y Austria. Hungría había abierto su frontera, el "Telón de Acero". Las manifestaciones por más libertad y democracia tuvieron lugar en muchas ciudades del país. Decenas de miles de personas ocuparon las calles. Los políticos y las fuerzas de seguridad se vieron abrumados por las manifestaciones. El 9 de noviembre, el Muro de Berlín se abrió. Alemania lo celebró.

1990 Alemania se reunifica. Berlín fue declarada de nuevo la capital de toda Alemania.

1994 Cada vez más desempleados: Más de cuatro millones de personas están sin trabajo.
Nunca antes tantas personas habían estado desempleadas en la República Federal de Alemania. Una de las razones de esto fue la pérdida de empleos en Alemania del Este.

1997 "Inundación del siglo": Inundación después de las lluvias en Alemania Oriental.
Ciclismo: Jan Ullrich gana el Tour de Francia. Fue el primer ganador alemán de este evento.

1998 Llega el Euro: La mayoría del parlamento vota a favor de la introducción de la nueva moneda.

1999 Regreso a Berlín: El *Bundestag* (el Parlamento) ya no se reúne en Bonn, sino oficialmente en el *Reichstag* (Edificio del Parlamento) de Berlín.
Premio Nobel de Literatura: El premio es otorgado a Günter Grass. Entre sus obras se encuentra *El tambor de hojalata*.

2001 Fin de la energía nuclear: El gobierno alemán y la industria de la energía nuclear firman los acuerdos sobre la eliminación de este tipo de energía.

2002 Nuevas inundaciones: Las fuertes lluvias e inundaciones causan nuevos desastres en Europa central. En Alemania, 22 personas murieron y los daños ascendieron a unos 18.000 millones de Euros.

2003 Caliente, más caliente y súper caliente: El verano del año es el más caliente desde el comienzo de las mediciones de temperatura.
Campeonas Mundiales de Fútbol: Las mujeres alemanas ganan el título. En 2007 serán las campeonas mundiales nuevamente.

2004 Fórmula 1: Michael Schumacher se convierte en campeón del mundo por séptima vez en Fórmula 1, el tipo de automovilismo más rápido que existe. Terminó su carrera dos años después. Años después sufrió a un trágico accidente en esquí, y ha estado gravemente discapacitado durante años.

2005 Reforma del mercado laboral: se recalculan los pagos a los desempleados de larga duración. La ley se conoció como *Hartz IV*. Hubo protestas masivas en su contra.
Un "Papa alemán" después de 480 años: El cardenal Joseph Ratzinger toma el nombre de Papa Benedicto XVI.
Una mujer se convierte en jefa del gobierno: Angela Merkel es la nueva canciller.

2007 Fenómeno del oso polar: El oso polar bebé, Knut, se presenta al público en el zoológico de Berlín. Millones de personas y medios de comunicación internacionales llegaron a Berlín para verlo. Las razones del eco mediático fueron las circunstancias de su nacimiento y crianza. El oso polar murió de una infección en 2011.

2008 Desastre financiero: La crisis financiera internacional golpea a Alemania. El gobierno puso a disposición 500 mil millones de Euros para el rescate de los bancos alemanes.

2012 Dimisión: El presidente federal, Christian Wulff, dimite. Fue acusado de haber obtenido ventajas económicas por medio de fraude.

2013 El Papa Benedicto XVI anuncia su abdicación. Rara vez un Papa ha renunciado voluntariamente.
Alternativa para Alemania (AFD): Este nuevo partido cambia el sistema político de la República Federal. El partido es considerado de extrema derecha y se traslada al Parlamento de Alemania en 2017.

2014 Júbilo en Alemania, tragedia entre los brasileños: La selección alemana gana nuevamente la Copa Mundial de Fútbol que se celebró en Brasil. En la ronda preliminar, los alemanes habían derrotado a Brasil 7-1.

2015 "Podemos hacerlo" (Angela Merkel): Cada vez más refugiados quieren llegar a Alemania. La política de refugiados alemana es muy discutida.
Escándalo de las emisiones de VW: La compañía Volkswagen admite haber manipulado los resultados de las pruebas de las emisiones de los motores diésel.

2016 Terror: En el mercado de Navidad de Berlín un terrorista condujo un camión hacia una multitud. Éste mató a 12 personas.

2017 Disturbios en Hamburgo: En la reunión del G20, se producen graves enfrentamientos entre los manifestantes y la policía. Ha sido la operación policial más grande en la historia de la República Federal de Alemania hasta ahora.
"Sí" para todos: Los homosexuales pueden casarse sin discriminación. Antes podían vivir juntos, pero con algunas restricciones.

2019 Fin de la carrera: La estrella de la NBA, Dirk Nowitzki, anuncia su retiro del baloncesto.

2020 Pandemia: El Coronavirus en Alemania. Se supo del primer caso en enero.
La vacunación obligatoria contra el sarampión entra en vigor.

*

Kapitelplatz, Salzburg, Österreich
Foto: Joeliz M. Rosado Quiñones

Restaurant, Hotel Sacher, Wien, Österreich.
Foto: S.-O. Andersen

Heinrich-Heine-Denkmal, Ludwigsfelde
Foto: Jens-Uwe Meyer

Altes Rathaus, Potsdam
Foto: S.-O. Andersen

<u>Meine Liste für die Reise nach Deutschland</u>

-        Gültiger Reisepass
-        Kreditkarte: VISA / Mastercard.
(Achtung: *"Cash is King"* in Deutschland und
Österreich!

U.S. Dollar in *Euro* tauschen: Du solltest genug
Bargeld für die ersten Tage haben.

Versicherung: Du solltest eine *Krankenversicherung*
haben.

Brauchst du Medikamente?

Die Reise buchen: Es ist besser, wenn du deine Reise
mit nur *einer* Fluggesellschaft buchst. Wenn es
Probleme oder Verspätungen gibt, dann kann dir die
Fluggesellschaft helfen.

Wichtige Informationen und Telefonnummern:
Notiere die Telefonnummern und Adressen von
deiner *Bank*, deiner *Kreditkarte*, deiner *Versicherung*,
der *Botschaft* in Deutschland, Österreich, etc.?
Was sind die Telefonnummern deiner Familie?
Brauchst du andere Notfallnummern?

Es ist immer gut, wenn du vor deiner Reise mit
Verantwortlichen bei der Bank oder der Versicherung
zu Hause persönlich sprechen kannst.
Du solltest wichtige Telefonnummern und Adressen
aufschreiben!

Kopien: Du solltest von allen Dokumenten und
Informationen Kopien machen und sicher
aufbewahren!

Notiere dir alle Informationen, Adressen und
Telefonnummern der Botschaften und Konsulare in den
Ländern, die du besuchen willst:

____

____

____

____

____

____

____

____

____

____

____

Mi lista para el viaje a Alemania

-        Pasaporte válido
-        Tarjeta de crédito: VISA / Mastercard.
(Atención: "Cash is King" en Alemania y Austria!)

Cambiar el dólar americano por el euro: Deberías
tener suficiente dinero en efectivo para los primeros
días.

Seguro: Deberías tener un seguro de salud.

¿Necesitas medicación?

Reserva el viaje: Es mejor reservar tu viaje con una
sola aerolínea. Si hay problemas o retrasos, la
aerolínea puede ayudarte.

Información importante y números de teléfono:
¿Cuáles son los números de teléfono y direcciones de
tu banco, tarjeta de crédito, seguro, la embajada en
Alemania, Austria, etc.?
¿Cuáles son los números de teléfono de tu familia?
¿Necesitas otros números de emergencia?

Siempre es una buena idea hablar con la persona
encargada en tu banco o compañía de seguros en
persona antes de tu viaje.
¡Deberías anotar los números de teléfono y las
direcciones importantes!

Copias: ¡Deberías hacer copias de todos los
documentos!

Escribe todas las direcciones y números de teléfono de las embajadas en los países que va a visitar:

*

Ausstellung, Miami, FL: Formel 1-Rennwagen
(Ferrari von Michael Schumacher)
Foto: S.-O. Andersen

***

www.ingramcontent.com/pod-product-compliance
Lightning Source LLC
Chambersburg PA
CBHW052013150726
47999CB00004B/1645